岩村 充
Mitsuru Iwamura

金融政策に未来はあるか

岩波新書
1723

はじめに

二〇一三年三月、大胆な景気回復策推進を掲げて前年末の総選挙で圧勝した安倍晋三首相は、約一か月の任期を残して辞任した日銀総裁白川方明の後任に黒田東彦を任命。その黒田は、就任後二か月の同年五月、貨幣供給量を一気に増やすことを柱とした大規模な金融緩和策を打ち出した。黒田が自ら名づけた「異次元緩和」が始まったのである。

ところで、黒田日銀総裁登場の意味は、大規模な金融緩和策の開始というだけにとどまらない。これからの中央銀行と政府との関係を考えるのなら、その登場過程そのものの含意を見逃すべきではない。

日銀総裁に黒田を任命するに先立つ同年二月、参院予算委員会で次期日銀総裁の条件について問われた首相は「新たに任命する総裁、副総裁については、私と同じ考え方を有する、そして、かつデフレ脱却について強い意思と能力を持った方にお願いをしたい」と明言している。この発言は当たり前のようでいて当たり前ではない。戦後政治のほとんどの期間を通じて政権与党であり続けた自由民主党の領袖たちは、彼らが事実上の人事権を握る日銀総裁人事について問われたとき、見識とか調整力のような抽象的な条件を言うのが普通で、ときの首相と同じ考え方を持っていることが条件だと断言した例はなかったからだ。安倍内閣発足時に副総理として財務大臣に就いた麻生太郎は、その自民党の伝統に従い、日銀総裁の条件は「健康、組織運営、語学の三つ」と話していたのだが、首相の答弁は、そうした伝統を破るものだったのである。

一九九七年の日銀法改正によって政府から独立の存在となったはずの日銀は、この安倍首相の言葉によって政府の政策実施機構の一つになったのである。

改めて説明するまでもないことだが、議院内閣制の日本においては首相すなわち内閣総理大臣は、安全保障とか減税とかの具体的な政策綱領を掲げて総選挙を戦った衆議院議員たちによって選出される。そしてその衆議院は何時でも内閣を不信任決議によって交代させることができ、また、内閣総理大臣も日本国憲法第七条を根拠に「内閣の助言と承認」による天皇の国事行為として衆議院を解散することができる。すなわち、どんなに長くても衆議院議員の任期である四年、一般にはそれよりもはるかに頻繁に行われる衆議院選挙によって問われる「民意」が変れば、政府の政策も変わることになる。

さらに、首相は在任中に自身が掲げる主要な政策を変更することもあるし、それは義務であり責任であるとも言える。

新幹線網拡大などの公共工事を軸とした豊かな日本を目指す「日本列島改造論」を掲げて世論の圧倒的支持を受け、一九七二年に首相に就任した田中角栄は、七三年の春から上げ足を速めていた消費者物価が、第四次中東戦争勃発などから「狂乱」とも形容されるようになった急騰局面に入りつつあるなか、同年一一月、盟友として彼を支えてきた蔵相愛知揆一を激務と心労の中での急死で失う。そして、愛知の後任に、自身の最大の政敵にして政界きっての経済通として財政家として知られていた福田赳夫を迎えようとするのだが、その福田に入閣の条件として日本列島改造論の旗を降ろすことを求められ、一晩の沈黙の末に「分かった」と福田に告げたとされている(福田赳夫『回顧九十年』岩波書店・一九九五年)。田中はこの決断を境に求心力を失い、翌七四年末には退陣に追い込まれるのだが、福田に「分かった」と告げたときの彼には、すでにその未来まで見えていたのではないだろうか。そうだとしたら、このときの田中は、もはや日本が自分の掲げてきた政策を実現できる環境でなくなっていることを悟り、そして、自身の政治家としての未来と引き代えに日本を救ったことになる。政治家としての田中への評価はなお定まらないところがあるが、政権が掲げる政策というものは時期に応じて柔軟に変化させられるものであり、その決断をすることも首相の責任であることに当時も今も変わりあるまい。田中は責任を果たしたのだ。

対して日銀総裁はどうだろう。任期は五年と定められ、また任期中に意に反して辞任させられることはない。だから、政府が日銀総裁をいったん任命すれば、その総裁は政権が交代し政策が変更されても地位にとどまり続けることになる。

しかし、それは政府あるいは政権与党にジレンマを強いるものでもある。時に応じて変わらなければならない政策を基準に日銀総裁を選べば、それは将来の政府の手足を縛るばかりか、場合によっては自身の手足をも縛りかねない。それが、日銀総裁の資質として見識とか調整力あるいは国際性のような抽象的な要素をあげ続けてきた自民党領袖たちの意識の底にあったのだろう。景気や雇用の回復が求められるときも、その反対に狂乱物価対策が急務のときも、彼らが政権与党であり続けるためには、日銀総裁がどのような政策思想の持ち主であるかよりも、専門家集団としての中央銀行を組織として動かせる力量を持つか否かが大事だったのではないだろうか。

断っておくと、私は日銀総裁として黒田を選んだときの首相答弁をもって、安倍が自身の後継者の政策決定に介入しようとしていたとか、日銀総裁の任命にあたって組織運営力を軽視していたという積りはない。その後の首相としての安倍は消費税引き上げ問題を含めた多くの政治的課題については十分過ぎるほどの柔軟な決定を行っているし、その安倍に任命された黒田の組織掌握力の高さは敬服に値する。

重要なのは、このとき、自身の考え方との一致を最優先として日銀総裁選びを行うとする首相の発言を、多くの国民と世論が支持したという事実の方である。国民と世論は、ときの首相と日銀総裁が政策観を共有することを歓迎したのである。それは、一九九七年の日銀法改正において、当時の世論調査が圧倒的に日銀の独立性強化に賛同する民意を示していたことと対照的ですらある。なぜ、そうした意識の逆転が起こったのだろうか。

それは、おそらく、バブル崩壊後の長い不況の局面で「失われた二十年」という言葉に象徴される日銀への批判が一般化したことによるものだろう。日銀がもっと上手に金融政策を運営していれば、日本は苦境に陥らなかったはずなのに、という認識がこの批判の核心なのだ。「失われた二十年」ではなく、「日銀が失わせた二十年」という思いが、この言葉の根底にある。

この本では、その「失われた二十年」とまで言われるようになった時間を持つことになった日本の経験、それを振り返り、黒田の異次元緩和の効果を検証することから議論を始めたい。それが第一章である。そして、第二章では、そこで明らかになった金融政策の行き詰まりともいえる事態に対して、どのような解釈が可能かという観点から「物価水準の財政理論」とも略して「ＦＴＰＬ」ともいわれる物価理論について紹介する。第三章は、現代の先進国が等しく陥っている金融政策の閉塞的な状況に対する解決策として議論されることが多くなった「マイナス金利政策」について考え、続けて、もっと別の角度からの提案として「ヘリコプターマネー」と分類される手法について論じたい。第四章では、仮想通貨などと呼ばれる新しい貨幣的システムの動きなども踏まえて、金融政策を担ってきた中央銀行にどのような未来があるのか、それを考えてみようと思う。

なお、本書では多くの政治家や学者研究者に言及することになる。なかには故人もいるが、なお活躍中の方も少なくない。そうした方々に敬称を付けるべきか否かは、こうした本を書くときにはいつも悩んでしまう事柄なのだが、今回は全部の方を敬称抜きで呼ばせて頂くことにした。現に活躍中の方々にはそれで不快の思いをさせることがないとも限らないが、そこは「公」の立場にある方についての議論ということで、お許しをいただければと思う。

では、「失われた二十年」とは何であったかについての話から始めよう。

目 次

第一章　日本の経験

一　高度成長とその終わり

高度成長は奇跡だったか

一九四五年八月、敗戦という事実に茫然自失して焼け跡に立った多くの日本人は、その十年後の五五年に「高度経済成長」と呼ばれる時代が始まることなど、夢想もしなかったろう。戦後日本の成功物語はそこから始まる。それは、現在に至るまで、私たち日本人の努力と資質に対する自信の源になっているようだ。

しかし、戦後日本の成功は努力と資質だけによるものだろうか。次ページのパネル１−１は、戦後日本を代表するエコノミスト香西泰の『円の戦後史』に掲載されていた数字を借用して作成したものだが、これをみれば、敗戦時の日本の基礎的な生産力は、米軍の激しい爆撃にもか

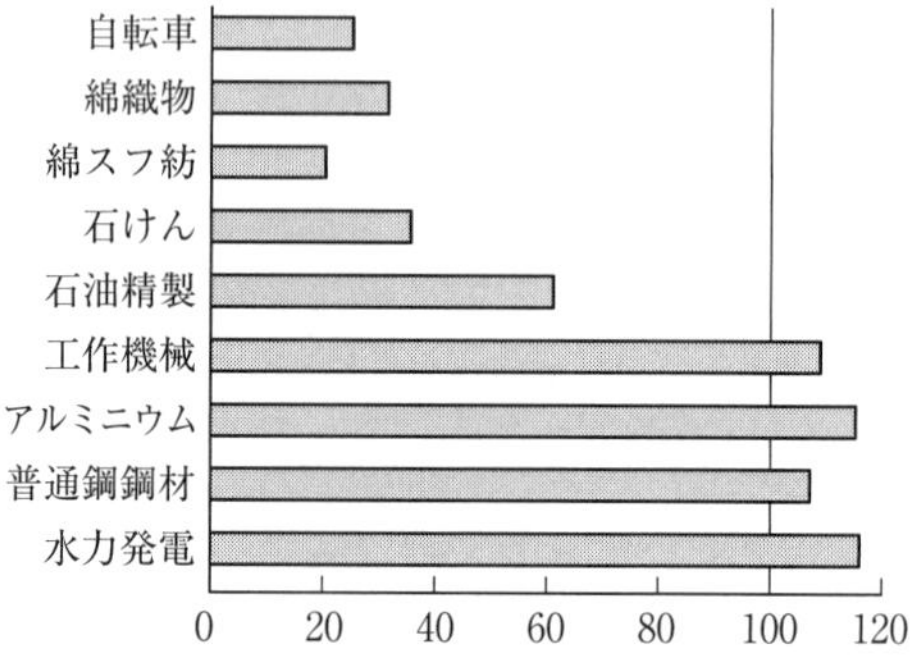

(1941年末を100とした指数)
香西泰『円の戦後史』(NHK出版・1995年)より

パネル1-1　1945年8月における工業生産力

かわらず、対米開戦時と比較して大きくは損なわれていないだけでなく、水力発電や鋼材あるいはアルミなどでは相当の増加すら示していたことが分かる。敗戦直後の日本が厳しい生活苦と生産活動の停滞に見舞われたのは、重工業品生産設備保全を優先し民生資材生産設備の守りを怠った戦時の防空体制の偏りと、商船隊の壊滅による生産ラインの停止によるところが大きかったわけだ。それなら、朝鮮戦争を機に米国が占領政策を転換して日本を本格的に西側貿易体制に組み入れたことによって、飢えと生産停滞とに苦しんでいたそれまでの状況が大きく変わったのも不思議なことではない。

もちろん、戦後日本の経済的な成功に日本人の努力がなかったはずはない。敗戦というショックから覚めた後の日本人の反省と自己改革は痛切ですらある。また、香西は、大戦中の総動員体制が多くの日本人に規則正しく精励に働くという体験と習慣をもたらし、それが高度成長の人的な原動力になったとも指摘している。だが、そうした体験への記憶が、一面に広がる焼け野原の光景と二重映しになることによって、日本の奇跡の復活は日本人の優れた資質によるものだ。日本は当然に成功する国だという自信を私たちに埋め込むことにつながったのだとしたら、日本における奇跡の復活の物語は、日本人が気付かないまま戦中から引き継いでいた成長条件、それを使い尽くした後の焦りの原因になったように思えてならない。

日本の高度経済成長は一九七三年に終わるとされているが、その転換点を画すものとなった石油ショックを切り抜けた日本は、のちに安定成長期と呼ばれるようになる年率にして五％程度の中成長経済へと移行することに成功する。日本人が「経済大国」であることに自信を深めたのは、むしろこの時期であろう。しかし、そうした成功の物語も終わるときがくる。

一九八九年末に日経平均で三万九千円近くまで上昇していた株価は、翌年初から下げに転じ九〇年秋には二万円を切るまで下落した。平成のバブル崩壊が始まったのである。

バブル発生と崩壊の理由、そして崩壊に気付いた後の日銀の政策運営については様々な議論があるが、この本でそこに深入りしたいとは思わない。バブルとは、その中にいる多くの人が気付かないからバブルなのであり、あるいは疑いを抱きつつも迎合するからバブルなのだ。問題は、多くの日本人が、そうした成功の物語の終わりを、こんなはずはない、我々はもっと成長できるはずだ、成長できないのは政策運営に誤りがあるからだ、そうとらえたことだろう。そうした認識が、バブル崩壊後の金融政策に対し、何としてでも景気浮揚をという声が強まることへと繋がっていったといえる。そして金融政策の担い手である日銀は、出口のない袋小路へと入り込んでいくことになった。

失われた二十年

バブル崩壊で、日本経済の風景は一変した。人々の心理は一転して弱気になり、企業が抱える資産とそれを稼働させるための人員は、やがて「過剰」とみなされるようになった。バブル崩壊後の長い不況が始まったのである。

もっとも、そうした長い不況の中にも山や谷があったことが知られている。内閣府は景気のピークとかボトムかについての判断を公表しているが、それによるとバブル崩壊にやや遅れて一九九一年二月にピークを付けた日本の景気は、九三年一〇月までの三十二か月にわたって下降し続けたが(これは景気下降局面の長さとしては戦後最長である)、その後は上昇と下降を繰り返すようになり、二〇〇二年一月から二〇〇八年二月まで七十三か月にも及ぶ景気拡大局面があったことになっている。だが、そこで日本は景気回復の「実感」を持つことができなかった。大きな理由は、そうした拡大局面における景気回復力の弱さなのだが、それ以外にも理由はあった。それは、格差の拡大である。

格差問題を扱う世界的情報ソースとして知られる“The World Top Incomes Database”によれば、数字的には戦後最長記録を更新しながら「実感なき景気回復」とも呼ばれた景気回復期間が終わる直前の二〇〇七年における日本人の所得水準下位九割層、すなわち大多数の日本人の実質所得は、バブル崩壊後の景気ボトムとなった一九九三年との比較で実に二十八％もの「減少」、日本列島改造論が挫折後の一九七五年と比べても十一％の「減少」となっている。これは、同じ時期の所得水準上位一割層、すなわち富裕層の実質所得が、九三年比で三％の「増加」、七五年比なら三十八％もの「増加」になっていることと対照的である。日本人の人多数にとっての生活は、数字で見る景気の動きよりもはるかに厳しいものだったのである。

こうしたバブル崩壊後の時間は、最初は「失われた十年」と、やがて「失われた二十年」と言われるようになった。

ところで、日本人は、なぜこのバブル崩壊後の時間を「失われた」と感じたのだろうか。そうした思いの背景にあったのが、戦後日本の成功体験であることは間違いないだろう。敗戦後の日本経済の復興を日本人の努力と資質によるとする認識が、バブル景気崩壊の後に苦しくなる生活実感の中で、日本の実力からすれば私たちはもっと豊かになれるはずだ、豊かになるどころか貧しくすらなっているのは、政策運営の失敗のせいだという気分を私たちの心に運んできたのである。

人々の心理が弱気化して物価が継続的に下がり続ける現象をデフレーション、略して「デフレ」と言うが、そのデフレにより需要が減退し、それがさらなる物価下落を呼ぶというデフレスパイラルの危険が指摘され多くの人に現実の危機として受け止められたのもこの時期である。そうした人々の弱気を逆転させることが「デフレ脱却」という名で、日本の課題となったわけだ。デフレから脱却できれば失われた時間を取り戻せる、そんな時代の雰囲気が、本書冒頭で紹介した二〇一三年二月における安倍首相の答弁に結びついたのだろう。首相の答弁は時代の感覚そのものだったのである。

しかし、ここで考えておきたいことがある。それならインフレーションの状態、物価が継続的に上がり続ける「インフレ」の状態は望ましいことなのだろうか。インフレを起こせさえすれば、景気はよくなり成長経済は戻ってくるのだろうか。

フィリップス曲線

インフレと景気との間には、フィリップス曲線という関係性があるといわれることが多い。このフィリップス曲線という名は、アルバン・W・フィリップスという経済学者が、一九五八年に発表した論文で、一九世紀後半から二〇世紀半ばまでの百年間ほどの英国経済では賃金上昇率が高いほど失業率が低くなるという傾向があったと指摘したことによるものだが、ここで賃金上昇率の代わりに物価上昇率を取ってグラフ化すると、左上のパネル1－2に示すように、両者の関係は右下がりの曲線として表されることになる。これがフィリップス曲線である。こうした傾向は、フィリップスの発見の後、多くの国の経済学者たちによって追試され確認されて、今では標準的な経済学の教科書において、まず書き落されることのない常識の一つになっている。

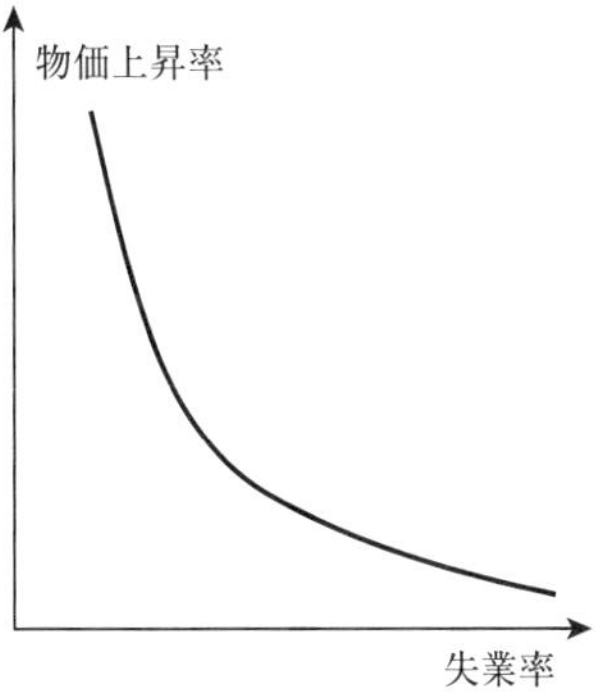

パネル 1–2　フィリップス曲線

もっとも、この「常識」については疑問も少なくない。たとえば、二〇世紀を代表する経済学者の一人とされるミルトン・フリードマンは、失業が生じるのは、天候や流行あるいは技術進歩などの経済に生じるさまざまな非予見的な変化を新しい価格体系に取り込む過程で無駄が生じるためだから、長い目で見た失業率（フリードマンは、これを「自然失業率」と呼んだ）は変化の起こりやすさや変化を取り込む経済の構造にのみ依存し、短期的な変化である物価上昇率とは無関係なはずだとして「長期フィリップス曲線の直立」と呼ばれる議論を展開した。また、最近の日本を含む多くの先進国の状況を見ると、景気や雇用がどうなろうと物価上昇率がほとんど変化しないという現象、名付けるとすれば「フィリップス曲線の水平化」とも言える現象が生じていることも知られるようになった。

ただ、ここでは、現実のフィリップス曲線が直立しているとか水平化しているとかの議論には入らないことにしよう。確認しておきたいのは、フィリップス曲線的な認識、具体的に言えば「景気が良くなれば物価も上がる」あるいは「物価が上がれば景気が良くなる」という認識が、どのような論理展開で日本の政策決定に取り込まれたのかということである。それは、フィリップス曲線は単に事実を示すだけのものであり、そこからどのような因果関係を読み取ろうとするかは、論者によって違ってくるからである。

ちなみに、企業経営者を含む多くの人の直感は、「景気が良くなれば物価も上がる」というものだろう。景気が良くなれば商品の需給もタイトになり値上げもしやすくなる、消費者の側から言えば、景気が良くなって給料も上がれば少々の値上げは我慢しようという気分にもなりそうだからである。これはフィリップス曲線に対する素直な読み方である。

しかし、ここで因果関係を逆転させ、「物価が上がれば景気が良くなる」という論理を展開するのは、いささか手間がかかる。とはいえ、それを試みる論者もいる。黒田総裁と同時に就任した岩田規久男日銀副総裁(当時)の講演録を引用しておこう。

「インフレを予想した市場参加者は、運用する資金を、現金や預金、あるいは国債などの債券から、インフレに強い株式(株式投資信託を含む)や土地・住宅(J-REITなどの不動産投資信託を含む)、あるいは円よりも金利の高い外貨建て資産に移そうとします。その結果、株価は上昇し、円安・外貨高になります。株高と外貨高により、株式や外貨建て資産を持っている家計の資産価値は増加します。…中略…保有する資産の価値が増加した家計は消費を増やす傾向があります。これを資産効果といいます。また、株価に代表される資産価格の上昇は、人々の気分(マインド)を明るくします。この気分の改善も、家計の消費を増やす要因です」(二〇一三年一〇月の中央大学経済研究所創立五〇周年記念公開講演会講演録より)

さて、どうだろうか。なるほどと思う読者もいるだろうが、首をかしげる向きも少なくあるまい。こう言われると、その「資産効果」の外にありそうな庶民つまり大多数の日本人はどうなるのだろう、そうした心配も生じてくるはずだからである。そんなこともあって、世界の中央銀行たちが程々のインフレなら許容した方が良いと主張するときの標準的論理は、やや面倒なものとなる。こちらは岩田副総裁の説明から約半年後の黒田総裁の説明である。

「様々なインフレ予想指標の上昇や、賃金・価格設定行動の変化も併せて考えると、需給ギャップ改善による物価押し上げと、インフレ予想の上昇によるフィリップス曲線の上方シフトの二つの動きが起きていることが推測されます。今後もこれらの動きが続き、二%の「物価安定の目標」の実現に向かって進んでいくと考えています」(二〇一四年五月のコロンビア大学ビジネススクール日本経済経営研究所東京カンファレンス講演邦訳より)

ここで注目すべきは「フィリップス曲線の上方シフト」を望ましいことと位置付けているらしい点だ。考えてみると不思議な気がしないだろうか。

もう一度、フィリップス曲線を眺めてみよう。もし中央銀行が景気回復を望んでいるのなら、この曲線の「上方」へのシフトは嬉しくないはずだ。岩田は日本経済をフィリップス曲線に沿って右下から左上へと動かすことで景気を回復させたい、そう素直に思っていたらしいのに対し(こうした考え方が、いわゆる「リフレ論」なのであろう)、黒田はフィリップス曲線そのものを下から上へと移動させたがっているかのようである。だが、フィリップス曲線がそんな方向に移動してしまったら、同じインフレ率で実現する失業率は上昇つまり景気は悪化してしまう。それを「デフレ脱却について強い意思と能力」を持つはずの黒田が望んでいたはずはあるまい。では、なぜ日銀総裁たる黒田から「フィリップス曲線の上方シフト」などという展望が語られたのだろうか。

その理由は、現代の経済学における政策論の基礎を築いたとされる、あのジョン・M・ケインズが、一九三〇年代の世界大不況を教訓に展開した「流動性の罠」と呼ばれる議論にある。

二　流動性の罠とインフレ目標論

フィッシャー方程式から

流動性の罠の話に入る前に、二〇世紀初め、米国の経済学者アーヴィング・フィッシャーが整理したことで「フィッシャー方程式」と呼ばれるようになった関係式について説明しておきたい。式は次ページのパネル1−3に示しておいた。

まず式の左辺にある「名目金利」、これは中央銀行が決めることができる。なぜ決めることができるか。それは、中央銀行が通貨の独占的な供給者だからである。その中央銀行が、たとえば一年後に百万円を返しますと表示されている債務証書を九十九万円で無制限に売買し続ければ、世の中での資金の貸し借りに適用される金利も、百を九十九で割ると一・〇一〇一ぐら

$$(1+名目金利)=(1+自然利子率)\times(1+物価上昇期待)$$

名目金利・自然利子率・物価上昇率が大きくなければ

$$名目金利 = 自然利子率+物価上昇期待$$

パネル1-3　フィッシャー方程式

いだから年一・〇一%ほどになるだろうし、九十五万円で売買し続ければ世の中の金利も五・二六%ほどで落ち着くことになるだろう。すなわち、左辺の名目金利は中央銀行の金融政策で決まるのである。

次に右辺第一項の「自然利子率」、これはリアルつまり実物的な財やサービスの世界で金融取引を均衡させる利子率である。私たちは金融というと、現在と将来をつなぐオカネのやり取りのように思ってしまうことが多い。しかし、理論の世界では、オカネが介在しない金融取引を考えることができるし、そこでの利子率を想定することもできる。少し説明しておこう。

空想の世界での話だが、壮年グループと若者グループ、この二つのグループだけが暮らすエコノミーというものを考えてみよう。そこに貨幣は存在しないとする。ここで、壮年グループは今でこそ豊かな所得に恵まれているがやがて来る老後に備えたいと考えているし、若者グループは今の生活は苦しいがいずれは自分たちも多くの稼ぎを得ることができると思っているとしよう。この二つのグループの間で起こるのは現在の豊かさと将来の豊かさを交換する金融取引である。壮年グループは得ている富の一部を若者グループに与え、やがて来る老後のときに返してもらうという契約を結ぶのである。そうすれば、壮年グループも若者グループも程々の豊かさと安心を分け合うことができる。

そこで、こうしたエコノミーで現在と将来の豊かさの交換価格がどう形成されるかを考えてみよう。そこには、リスクつまり現在と将来とを見通すときの不確実性の大きさなども関係するが、基本を決定するのは将来が全体として豊かになるか、あるいは貧しくなるかについての予想だろう。現在に比べ将来が非常に豊かになるという予想が行きわたっていれば、やがてはあり余るほどの富が得られるのであるから、若者グループは、比較的少ない量の現在の富を受け取っても豊かになっているはずの将来の富を多く譲る契約にサインすることに躊躇しないだろうし、将来の展望が厳しいものになれば反対のことが起こるに違いあるまい。すなわち、こうした貨幣のない世界を考えても、そこには金融取引が存在し得るし、それなら貨幣とか中央銀行というものに関係なく成立する実質ベースでの利子率を考えることもできることになる。こうした実物エコノミーにおける金融取引の需要と供給を均衡させる価格としての利子率を経済学者は「自然利子率」と呼んでいる。

自然利子率という概念を最初に提唱したのはクヌート・ヴィクセルという二〇世紀初頭スウェーデンの経済思想家だが、彼が気付いた自然利子率は、ときに「均衡実質金利」という名でも呼ばれて、現在の経済学における基礎概念の一つになっている。自然利子率を決めるのは人口動態や技術開発などの人類経済を支える基礎的な諸条件であり、金融政策のような貨幣の世界への介入では動かすことができない。ここが重要な点である。

最後が右辺第二項の「物価上昇期待」であるが、多く説明する必要はあるまい。名目金利は現在と将来を通じる貨幣の交換価格であり、自然利子率は実物の交換価格である。現在の豊かさと将来の豊かさの交換を考えるとき、貨幣で測るのと実物で測るのとで、物価変動調整後の答が違ってしまったら金融市場は均衡しない。金融市場が均衡するためには、貨幣と実物との交換価格つまりは物価水準が現在から将来に向けて変化する必要がある。これが、このフィッシャー方程式に物価上昇期待が登場する意味である。

金融政策と流動性の罠の問題

さて、この式から金融政策とは何かを考えてみよう。景気の悪化に対応して中央銀行が現在のオカネの提供条件を緩やかなものにして名目金利を低下させたとしよう。そうなると、企業はオカネを借りて投資活動を行うのが有利になる。金融市場では新たな資金需要が発生するわけだ。金利が下がれば将来に備えて貯金をしようとする側は面白くないが、現実の世界では、貯蓄手段の多くは名目ベースつまりオカネを介在させる預金とか貯金あるいは債券投資などという形でしか提供されないので、彼らは低金利を受け入れるほかはない。もちろん、貨幣表示の契約によらずに株式とか不動産などの形で蓄えを行うことができる富裕層は、特に困りはしないがそれは別の話ということにしよう。いずれにせよ、金融緩和は企業活動を活発化させるわけだ。中央銀行が金融を引き締めれば、その反対のことが起こる。ここまでは、景気や雇用に対する金融政策の役割に関する理解の基本である。

ところが、そこで問題になるのが、左辺の名目金利の操作可能性である。その理由は、中央銀行は貨幣表示の金融取引、つまり現在と将来を通じるオカネの貸し借りについて、それへの態度を渋くしたり緩やかにしたりすることで、経済全体の活動水準つまり景気を支えたり冷やしたりすることができそうだが、それは限りなく可能なわけではないからだ。不況に対応して中央銀行が金利をどんどん下げていくと、やがて金利がゼロに貼り付いてしまい、それ以上の金融緩和策は無効になってしまう。これが、ケインズの指摘した「流動性の罠」の問題である。

ちなみに、「流動性」とは、銀行券などの現金といつでも現金に代わり得る中央銀行への要求払い預金、その二つの合計額のことである。

現金は日々の取引に欠かせない「決済手段」であると同時に、金利ゼロの金融資産であるという性質を持っている。そうした金利ゼロの金融資産である現金を中央銀行自身が無制限に供給している以上、その中央銀行は一般の投資や貯蓄に適用される金利についても、それをゼロ以下に下げようがない。下げようとしても流動性への需要が限りなく増加して現金保有が上積みされるだけで、人々の消費や貯蓄あるいは投資に影響を与えることができなくなってしまう。ケインズは、こうした状況では、金融政策で無理に景気を支えようとするよりも財政出動の方が効果的であると論じたのだが、それが後年に彼の後継者たちによって体系化され、国債発行に支えられた公共投資拡大による景気支持効果を重視する経済政策論、いわゆるケインジアン型の財政政策論になっていったことを読者の多くはご存知だろう。

だが、本当にそうだろうか。流動性の罠に陥った政府や中央銀行は、もう打つ手がないのだろうか。フィッシャー方程式は、他にも手がありそうなことを教えてくれるものでもある。

改めてフィッシャー方程式を眺めてみよう。すると、それが金融政策を流動性の罠に嵌りにくくする方法を示唆するものでもあることに気付くはずだ。中央銀行が流動性の罠に嵌ってしまうのが、名目金利はゼロを超えては下げられないという制約によるのだとしても、それが本当に起こるかどうかは、右辺の物価上昇期待がプラスであるかどうかにもよるからである。もし、物価上昇期待がいつも大きなプラスであれば、その分だけ名目金利は自然利子率よりいつも高い水準を保つことができる。それなら、景気の悪化により自然利子率が下がっていくというような状況にあっても、それに合わせて中央銀行は下限であるゼロから十分に離れたゾーンで名目金利を操作することができる。自然利子率の低下を金融政策が追いきれず、いわば「意図せざる金融引き締め効果」を生じさせてしまうことを防ぐことができるわけだ。すなわち、金融政策が機能を維持するためには、ある程度の物価上昇期待はあった方が良い、そう考えることもできることになる。

こうした考え方は、現代世界の中央銀行たちに大なり小なり共有されているし、前述の黒田日銀総裁の発言の背景にあるのもこれなのではないだろうか。そうした認識の形成に大きな役割を果たしたのが、レーガン政権下の一九八二年、二十代の若さで委員長と委員二人からなる米国大統領経済諮問委員会の委員に登用され、それ以来、数々の鋭い洞察と意表を突いた提言で世界に知られるようになった米国のポール・R・クルーグマンである。

インフレ目標論

クルーグマンは、バブル崩壊後の日本の状況を整理して、これは大恐慌の経験から遠ざかるにつれて忘れられていた流動性の罠が再び現れてきているためだと診断し、それから離れるためには、それまでの世界ではインフレ対策のためと位置付けられてきた政策手法を、デフレ対策のために使ったらどうかという提言を、彼自身のホームページで公表した。一九九八年のことである。

一九八〇年代の終わりごろから、高インフレ抑制策として西欧圏や大洋州などいくつかの国で採用されていた金融政策に、国民が受け入れ可能な程度のインフレ率を政策目標として設定し、それに沿った運営を行っていくというやり方があった。それを「インフレーションターゲット政策」とか「インフレ目標政策」という。インフレ目標というとインフレを作り出そうとする政策のようだが、これらの国では、インフレを作り出すのではなく現にあるインフレを我慢できる程度に抑え込むことで、物価と景気のバランスを取ろうという政策を採用していたわけだ。ところが、日本についてのクルーグマンの提言は、それをいわば反対向きに使って、インフレを抑制するためではなく、緩やかなインフレを定着させるために「インフレ目標」を掲げようというのである。なかなかの名案と思えるかもしれない。だが、肝心のインフレ期待、それはどうやって起こせばよいのだろうか。

仮定の話だが、日本が陥っていた状況が流動性の罠でなければ、そうしたインフレ期待を人々の心理に定着させることは中央銀行が自分でできそうである。たとえば、金融政策論の分

政策金利 = 均衡実質金利 + 目標インフレ率
+ α ×(実際のインフレ率 − 目標インフレ率)
+ β ×GDPギャップ率

【解説】式のかたちを見れば，このルールがフィッシャー方程式の応用であることが分かる(物価上昇率が目標を上回ったり景気が過熱したりしたら引き締め，逆のときには緩和せよという趣旨である)．なお，テイラーは，このルールの運用につき，「目標インフレ率＝2%，α＝1.5，β＝0.5」という模範解を，1987年から1992年の米国のデータ(この期間の米国経済が比較的良好なパフォーマンスを示していたとされるのが理由である)をもとに提唱しているので，この数字まで含めて全体をテイラールールということもある．

パネル 1-4　テイラールール

野で最も影響力のある学者の一人とされる米国のジョン・テイラーは、一九九三年、後に「テイラールール」と呼ばれるようになった金融政策運営方式を提案している。テイラールールの基本形と、その根拠は上のパネル1－4に示すが、こうした政策運営を中央銀行が辛抱強く行い続けていれば、ルールの中の「目標インフレ率」は、いずれ多くの人の心の中に入り込みインフレ期待として定着しそうである。

だが、問題は「流動性の罠」である。流動性の罠の状態というのは、要するに金融政策が、引き締め方向に動くことができても、緩和方向の力はもう作り出すことができない状態だということができる。あまり適切なたとえ話ではないかもしれないが、本来のインフレ目標政策というのは、酒場で繰り広げられている乱痴気騒ぎに乗り込んで、「もう少し静かにしないとこれを使うことになるぞ」と言いつつ拳銃をチラつかせる西部劇の保安官に似ている。だが、酒のストックが切れて通夜の席さながらに静まりかえっている場を何とか盛り上げたいのなら、必要なのは拳銃ではなく追加の酒瓶の方だろう。ところが、流動性の罠に陥った状態では、保安官ならぬ中央銀行の手に拳銃はあっても酒瓶はない。これでは、場を盛り上げようもない。そこが問題なのである。場を盛り上げるには別のきっかけのようなものが必要ではないだろうか。

もっとも、この問題、さすがにクルーグマンは気付いていたようで、彼の提言の最後の部分には、付録のような扱いではあるが、一時的な投資優遇税制のような財政措置を使ってともあれ流動性の罠の状態から金融政策を離れさせることを提案している。しかし、その部分はあまり注目されなかったようだ。広く普及したのは、クルーグマンはインフレ目標を掲げることを勧めているというだけの理解だったのである。これが次の展開への伏線になっていく。

三　そして異次元緩和へ

時間軸政策から異次元緩和へ

日本が流動性の罠の状態にある、そのことに日銀が気付いたのが、クルーグマンの提言によってであったかどうか、それは分からない。ただ、当時の日銀がとった方法は、インフレ目標を掲げるのではなく、すでにゼロの近くにまで低下させていた金融市場での金利誘導目標を「デフレ懸念の払拭が展望できるようになるまで維持する」と宣言するというものだった。これを「時間軸政策」という。クルーグマンの提言の翌年一九九九年四月のことだった。

時間軸政策とは、現在の金利はゼロより下には誘導できないとしても、将来の金利には引き下げ余地がある、つまり、今は作り出すことができない追加的な金融緩和効果を将来から借りて来ようというアイディアだといえる。ただ、これは残念ながら、その効果を人々に実感させることはできなかった。理由は良く分からない。想像すれば、日本が流動性の罠に陥った原因が金融政策の失敗によるものだったとしたら、時間軸政策はそれなりの結果を出せたかもしれない。だが、それが日本人が当然と思っていた成長モデルの屈折によるものだったら、時間軸政策には痛みを和らげる程度の効き目はあっても、日本をデフレ状況から離れさせる力はないことになる。それを指摘する議論もあった。日本総合研究所のエコノミスト藻谷浩介は、二〇一〇年刊行の『デフレの正体』（角川書店）で日本経済不振の原因は人口動態の変化によるところが大きいと説いて反響を呼んだが、それでも彼の議論が日本人の認識を大きく変えることはなかったようだ。

そうした中で高まっていったのは、人々の気分そのものを変えよう、物価は貨幣的現象なのだから中央銀行が態度を変えれば、それで世の雰囲気も変わるはずだという声である。それが二〇一三年三月の黒田東彦日銀総裁の登場につながっていく。

黒田日銀の異次元緩和政策の軸は、二年後には消費者物価上昇率二%を達成という明確なインフレ目標の設定と、それを達成するための量的緩和の実施、この二つであった。ここで、量的緩和というのは、一般に「ベースマネー」と呼ばれる銀行券と準備預金の合計額を二年間で二倍に増加させるというものである(ベースマネーは「マネタリーベース」と言い表されることもある、どちらでも通用する語なので、本書では「ベースマネー」という呼称で統一させてもらうことにしたい)。ちなみに、準備預金とは、何時でも銀行券として払い出すことができる資金として、中央銀行が市中の金融機関から受け入れている要求払い預金のことで、これとすでに銀行券として市中に流通している紙幣の合計額が、中央銀行が世の中に提供している貨幣の総量ということになる。その貨幣総量を一気に二倍にすることで中央銀行自らがインフレ期待を起こしてみせようというのが黒田による異次元緩和のシナリオだったといえる。

ところで、ここで不思議に思えないだろうか。物価というのは貨幣価値つまり貨幣の価格の逆数なのだから、その貨幣の量つまりベースマネーを一気に二倍や三倍にしたら(実際、日本のベースマネーは、異次元緩和開始時つまり一三年四月末の百五十兆円から、一五年四月末には三百兆円、一七年四月末には実に四百五十兆円と、二年間では二倍、四年間なら三倍にまで積み上がっている）、それだけの貨幣を人々が手にするわけだから、彼らの財布の紐も緩んで物価水準だって二％などという程度ではなく、もっと大きく二倍にも三倍にもなっていそうである。そんなことが起こるのだろうか。

結論から言えば、そんなことは起こらない。なぜなら、中央銀行は何の対価もなく貨幣を世に送り出すわけではないからである。

現代の中央銀行が貨幣を増やす方法の基本は、市場で流通している国債その他の証券を買い入れることである。中央銀行が市場から証券を買い入れて貨幣を供給することを「買いオペ」という。こうした貨幣供給方式のことを米国ではオープン・マーケット・オペレーションと言うので、略して「オペ」というのだが、それはともかく、中央銀行は何の対価もなく、たとえば国民一人当たり一万円札を十枚ずつプレゼントします、などということをやるわけにはいかない。そうして相手の顔を見つつ貨幣を渡したり取り上げたりするのは政府の仕事であって中央銀行の仕事ではない。すなわち、中央銀行である日銀が国債などの金融資産を買って貨幣を供給するというのは、人々の手元から同じ金額の国債が消えているということを意味するのだ。日銀が百五十兆円の貨幣を供給するというと、日本の人口が一億二千万人だから一人当たりで百万円を超える貨幣が増えたことにはなるが、それと同時に同じく一人当たりで百万円を超える国債その他の金融資産が世の中から消えていることになる。これでは、日銀がいくら買いオペをしても、それだけでは人々の財布の紐が緩むことに結びつきそうもない。

もちろん、その辺りのことを黒田総裁が理解していないはずがない。だから、彼が「異次元緩和」という名まで付けて、大規模な金融緩和を打ち出したのは、それ以前の日銀の金融緩和策と違う方向からの緩和効果を狙うものだということを強調したかったからなのだろう。つまり、人々が驚くような政策を打ち上げ、日本人の心の持ち様を変えてしまうことで、デフレ期待をインフレ期待に転換し一気に流動性の罠の状況から離れる、それを狙っていたのだろうと思うのである。それは、うまく行っただろうか。

データで見る異次元緩和

インフレ期待をどう測るかについては、アンケート調査などいくつかの方法があるが、その中で最も客観性が高く長期比較や国際間比較もフェアに行える指標として、「ＢＥＩ」と呼ばれる指標がある。ＢＥＩとは「ブレーク・イーブン・インフレ率」の略で、普通の国債の市場利回りから物価連動国債の市場利回りを引いたもので、消費者物価の上下にスライドして元利払いが増減するという物価連動国債の性質を使って、金融市場に参加している人々が抱いている先行きのインフレ率に対する予想を観察しようというものである。ＢＥＩは物価連動国債が発行されていない通貨には適用できないが、幸いなことに、日本円と米ドルについては継続的な観察が可能なので、その結果をグラフにしたのが次ページのパネル１‐５である。

さて、このグラフを見ると、やや意外の印象があるのではないだろうか。黒田総裁登場前の二〇〇八年三月からの白川総裁の時代、白川が就任早々に見舞われた世界的な金融危機リーマンショック（米国を代表する投資銀行だったリーマンブラザーズが負債総額日本円換算で六十四兆円という空前の規模で経営破綻したことからこの名がある）で大きく後退した日本のインフレ期待は、一一年三月の東日本大震災にもかかわらず、むしろ着実に回復基調にあったことが分かる（観察１）。これに対して、黒田日銀の異次元緩和の効果は、それまでの回復過程に対する相応の追加的効果はあるが（観察２）、それが受けた当初の喝采のほどは大きくないとも言えそうだ。緩和策発表から一年も経たぬうちに、その効果には天井感が出てきているかのようだからである（観察３）。

もっとも、これだけから異次元緩和の評価を下すわけにはいかない。物価に大きな影響を与える原油価格は一四年の秋口から急速な下げに転じ、一六年冬には一四年夏の三分の一にまで

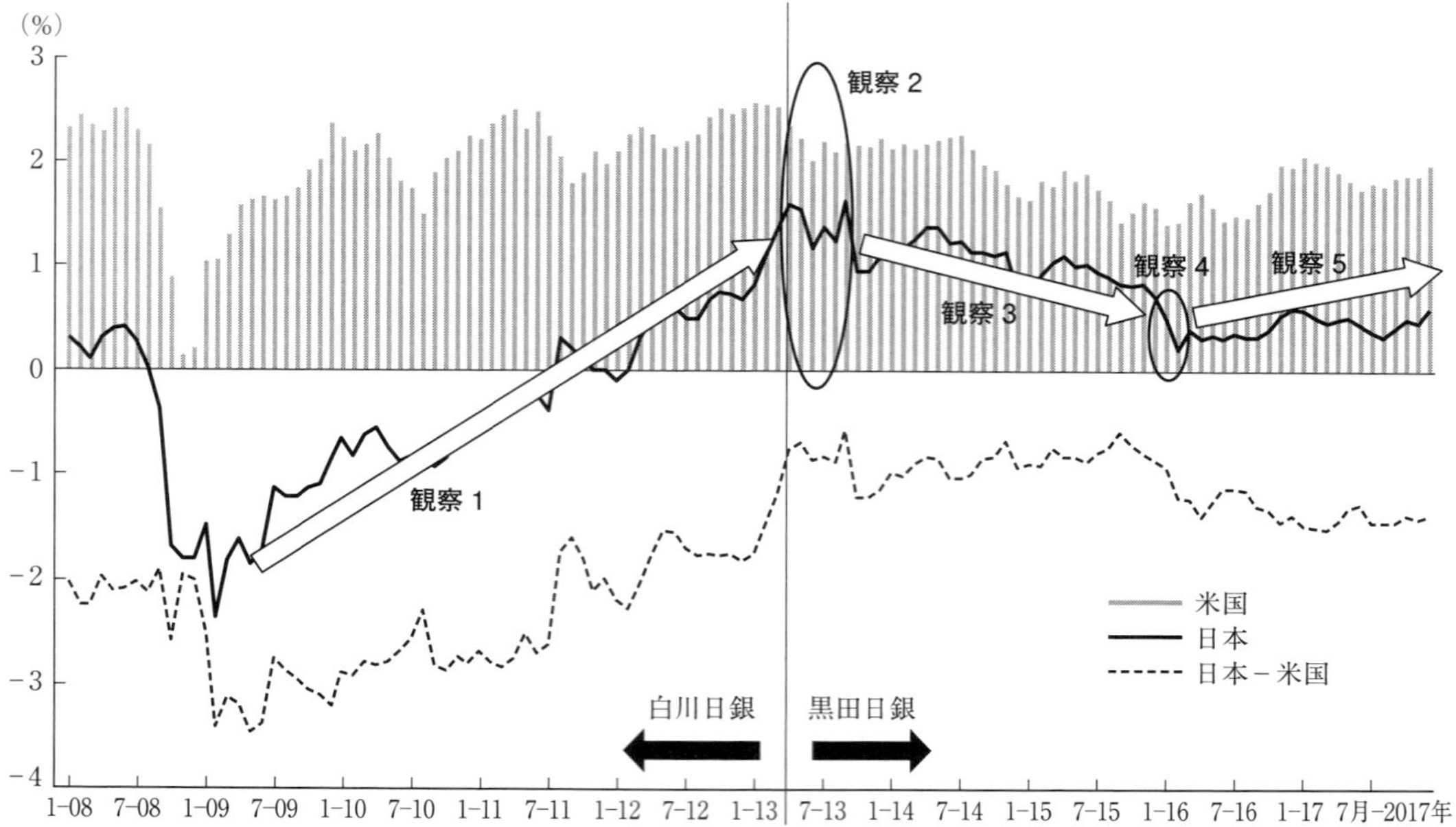

10 年物国債(発行がない場合は最長期物)の利回りによる．ロイターおよびブルームバーグより作成

パネル 1–5　日本と米国の BEI

下落してしまっているからである。こうした国際資源価格の動きがＢＥＩに影響してしまっているのだとしたら、異次元緩和が一年ほどで息切れと評価するのは黒田に意地悪すぎることになる。そこで、日本と同じく国際資源価格の影響を受けているはずの米国のＢＥＩ（図中縦棒線）と日本のＢＥＩとの差を取ったのが図の点線である。

今度はどう見えるだろうか。白川日銀時代に米国との差を着実に詰めていた日本のインフレ期待は、安倍首相が打ち出して「アベノミクス」という名で流行語にもなった政策メッセージにより最後の一押しが行われ、黒田日銀はそれを懸命に維持している、その辺りが素直な印象だろう。

もっとも、それは黒田日銀が働いていないということではない。川の流れの中で一点にとどまっているアヒルは、何もしていないのではなく、流れに押し流されぬよう懸命に水をかいているのだという「アヒルの水かき」という言葉があるが、黒田日銀がやっていたのもそうしたものであったかもしれないからだ。もし一三年四月の異次元緩和がなかったらアベノミクスによる景気回復期待は急速にしぼんでしまった可能性は高いし、資源価格下落の影響ももっと大きかったかもしれない。ちなみに、黒田は、一四年一〇月末に国債買い入れ額を大幅に上積みすることを軸とする追加緩和、通称「異次元緩和第二弾」を放っているが、それらの政策を動員することで、アジアや米州他地域からの働き盛りの移民の流入などにより基礎的な条件で日本を大きく凌駕しているはずの米国にきちんと付いて行っているというのが、黒田日銀の等身大の姿だろう。だから、黒田日銀、デフレ心理との戦いという点では、よくやっていると評価することはできそうだ。

もっとも、異次元緩和の物語の中では失敗と言わざるを得ないアクションもあった。二〇一六年一月末に打ち出したマイナス金利政策、具体的には、これまで〇・一％というわずかながらもプラスの金利を付けていた準備預金、つまり日銀が金融機関からベースマネーを預かるときの預金勘定、その純増部分にマイナス〇・一％の金利を付けることとした、などと言うのはそれだろう。再びパネル1-5で見れば明らかなように、ほぼ瞬間的に市場のBEIも大きく低下してしまっている(観察4)。日銀は、なかなか定着しないインフレ期待に業を煮やした追加緩和策として、名目金利のゼロ限界を超える利下げに踏み切ったのだろうが、裏目に出てしまったのだ。

ケインズの「流動性の罠」から始まるストーリーとして名目金利にゼロ限界があることは説明済みだが、高価な「現物」である銀行券を金融資産として保有するためには金庫代や警備費などのコストがかかる。だから、そうしたコストがかからない預金勘定への金利ならゼロの限界より多少は下げることができるはずだ。こうした文脈からの準備預金へのマイナス金利の賦課はユーロ圏の中央銀行であるＥＣＢ（欧州中央銀行）でも実績があるので、日銀はそれに倣ったのであろうが、ＥＣＢは準備預金へのマイナス金利導入が先で、その後に効果補強策として量的緩和を行っている。これに対して日銀は、異次元緩和だという鳴り物入りで大規模な量的緩和を行い、その後にマイナス金利政策を追加したわけだ。日本でマイナス金利の導入と同時にＢＥＩが低下してしまったのは、日銀が狙っているのが「インフレ期待を起こしてやろう」ということなのか、あるいは、インフレ期待を十分には起こせないと認め「十分でない期待と共存する」ことを狙っているのか、それが日銀を見る人たちに分からなくなってしまったためだろうと私は思っている。

もっとも、こうしたマイナス金利という試みが裏目に出た後の日銀の対応は評価されるべきだろう。日銀は、彼らの試みに対する市場の反応が芳しくないことをみると、半年後の七月には金融政策の進め方について再整理する方針にあることを公表し、その二か月後の九月には、その結果を「総括的検証」（日銀自身の標題は「「量的・質的金融緩和」導入以降の経済・物価動向と政策効果についての総括的な検証」だが、長いのでこう略すことにする）と題する文書として公開したからだ。これは好感されたようだ。この総括的検証、意地悪な読み方をすれば、二%のインフレ目標についてその国際標準性が強調してある一方で、それが達成できない理由となると日本の物価形成における米欧との違いが力説してあるなど、論理矛盾か説明不足ではないかと言いたくなる点や、いわゆる長期金利の操作可能性などについての無理筋に近い解釈などもあって、突っ込みどころも少なくないのだが、全体として乱暴なことはしない、市場全体あるいは金融システムの安定にも配慮しますというトーンは十分に伝わってくる。そして、この総括的検証を機にBEIでみる期待の動きも、全体として落ち着いたものとなっている。米国との比較では再び引き離された感もあるが、景気回復力そのものの差もあるので、これは仕方がないだろう(観察5)。

付け加えると、このマイナス金利という政策を巡っては、現代の貨幣制度の根幹にもかかわる多くの論点があるのだが、その話は後の第三章で整理したい。その前に記しておきたいのは、いつまでもこれで良いというわけにはいくまいということである。日本のように膨大な量的金融緩和を続けていると、いつかは訪れるはずの金融緩和の「出口」におけるリスクが無視できない大きさにまで達してしまいかねないからだ。

出口への不安

1年後に得られる価値をC_1とし，2年後に得られる価値をC_2というように順番に表すとすれば，1年後からn年後まで続く価値の流れ全体の割引現在価値PVは，金利iを適用することで下記のように複利計算方式を使って算出される．

$$PV = \frac{C_1}{(1+i)} + \frac{C_2}{(1+i)^2} + \cdots + \frac{C_n}{(1+i)^n} = \Sigma_{k=1,n} \frac{C_k}{(1+i)^k}$$

パネル1-6　割引現在価値計算

日本の国債発行残高は、私たちが一般に国債と言われて思い浮かべる普通国債という種別のものだけでも、二〇一七年度上期末(九月末)で約八百五十兆円に上っている。日本のGDPが五百二十兆円あまりだから、景気対策優先で財政再建をなおざりにしていたツケがここに現われているわけだが、それと並んで重要なのは、そのうちで日銀が保有する国債がすでに四百兆円を超えているという事実だろう。この金額は黒田総裁就任時の二〇一三年三月末では百二十兆円ほどだったから、彼の主導した異次元緩和の規模の大きさが分かるわけだが、そのことは緩和終了時における金利上昇が、日銀保有国債の時価を下落させることを通じ、新たな危機を発生させてしまう可能性を示唆するものでもある。

問題は金額なのだが、これについて「割引現在価値計算」と呼ばれる方法で試算してみよう(割引現在価値計算の考え方はごく一般的なものだが、念のため上のパネル1-6に計算式を書いておく)。結果は、たとえば、日銀保有国債の金額が四百兆円で、その元利金収入見込額の加重平均期間が三年程度だとすれば、金利上昇幅がわずか〇・五%でも現在価値損失額は六兆円、一・〇%なら十二兆円にもなる。一方、そうしたときの損失を吸収させるバッファーとして日銀が蓄積してきた自己資本は八兆円ほどだから、これだけのことで日銀への信認は大きく傷つく可能性がある。それが、金融緩和の「出口」の問題である。

もっとも、大量の長期債を抱える中央銀行が金融緩和の出口に大きな損失を抱えることになるのは当たり前のことだし、この問題には技術的な解決策があることも知られている。その典型的な方法は、危機的な状況に陥る前に政府と相談して、中央銀行保有国債を、一般の金融市場で成立する金利(これを「市場金利」という)に同調して利回りが変化する国債、つまり変動利付債に転換してしまうことである。

実際、今から十五年近くも前の二〇〇三年五月、講演のために来日した米国の中央銀行にあたる連邦準備制度FRBのベンジャミン・S・バーナンキ理事(当時・その後〇六年から一四年までFRB議長)は、「日本経団連の提案に興味をそそられて」という断りを付しながら、日本がさらなる金融緩和を推進するのならそうした対策も考えておいてはどうかとの提言をしている。ちなみに、彼の関心をそそった経団連の提案というのは、その直前に公表された『魅力的で信頼される国債市場の発展に向けて』というレポートだろう。このレポートに、ほぼ同じ趣旨の記載がある。

ただ、当時の日銀も政府も、経団連そしてバーナンキほどの有名人の提言にもかかわらず、それらにほとんど反応していない。その理由は、当時の日銀が、長期国債の買い入れは経済成長に伴うベースマネー需要増内にとどめるという「成長通貨オペ」の考えを維持していたからだろう。成長通貨オペの枠組みの下では、日銀保有の長期国債は、日本が経済の急激な縮小により極端なベースマネー余剰状態にでも陥らない限り、満期到来まで市場に売却されることはないので、保有国債の時価がいくら低下しても、何か具体的に困るわけではない。その限りでは、当時の日銀がバーナンキに無反応だったのは当然の面もあったわけだ。

だが、今の日銀はかつての日銀ではない。日銀は異次元緩和と称して成長通貨オペの枠組みを撤廃している。成長通貨オペという原則から算出される限界をはるかに超える金額の国債を買い入れること、それが異次元緩和の「異次元」たる理由だろう。そうである以上は、日銀がもし責任をもって将来に備えようとする姿勢を貫くのであれば、今からでもバーナンキの提案の意味をよく考えておいた方が良い。

この出口リスク問題については、私も、二〇一六年五月、この年の一月末に日銀が準備預金に〇・一％とはいえマイナス金利を付したことも踏まえ、日銀保有国債の相当部分を変動金利付きの国債に転換すること、それも発行者たる政府には繰り上げ償還オプションはあっても期日償還義務はないという意味での永久債に転換することを、やや具体的な仕組みとして提案したことがあった。私としては、経団連のような有力機関やバーナンキのような有名人の提言というわけではないので、考える材料の提供というような議論の積りだったのだが、日本だけでなく海外からも予想を超える多くの照会と内容説明依頼を頂き、そこまで日本の出口問題は内外から注目されているのかと思い知らされたことがあった。

巨額の日銀保有国債、その総額が九十兆円を超える程度だったバーナンキの提言当時であればともかく、それが四百兆円を超えるまでに膨張してしまった現在では、出口のリスクはもはや無視してよい範囲内ではなくなっているはずだ。日銀の姿勢は無防備過ぎる、そう感じる人が急速に増えているように感じる。

そうしたなか、量的緩和を理論的に支えてきた人たちにも変化が表れてきた。単純な量的緩和ではないところに、現在の行き詰まりを変えるカギが潜んでいるのではないか、そうした認識が生れてきたからである。次章は、その話になる。

第二章　物価水準の財政理論

一　誰が貨幣価値を支えているのか

財政理論の起源

二〇一六年一一月一五日、この朝の日本経済新聞に戸惑いを覚えた読者は少なくなかったはずだ。そこでは、「デフレは貨幣的な現象だ」という印象的な発言で知られ、内閣官房参与として理論面から異次元緩和政策を支えてきた浜田宏一米エール大学名誉教授が、「学者として以前言っていたことと考えが変わったことは認めなければならない」と語ったと始まり、さらには「クリストファー・シムズ米プリンストン大教授が八月のジャクソンホール会議で発表した論文を紹介され、目からウロコが落ちた。金利がゼロに近くては量的緩和は効かなくなるし、マイナス金利を深掘りすると金融機関のバランスシートを損ねる。今後は減税も含めた財政の拡大が必要だ」と続いていたからだ。

説明しておこう。一九九〇年代の終わりごろから、比較的少数の経済学者たちの間ではあったが、"Fiscal Theory of the Price Level" 略してＦＴＰＬと呼ばれる理論が展開されるようになった。この理論、訳せば「物価水準の財政理論」となるが、その名の通り物価水準がどう決まるのかという問題を解くとき、そこでの財政の役割を重視する理論である。記事に登場するシムズは、その体系化に大きな役割を果たした学者の一人なのだが、経済学界の現状を見る限り、金融政策が物価を決めるとする従来型理論では説明しにくい世界的なデフレ進行の中で徐々にその支持者を増加させているとはいえ、理論としてのＦＴＰＬに全面的に賛同する学者は米国でもまだ多くはない。日本ではなおさらである。それが、冒頭の記事が読者を戸惑わせたたろうとした理由である。

ところで、財政に対する予想が物価に影響を与えているはずだという指摘は、シムズにより初めて行われたわけではない。一九八一年にトーマス・Ｊ・サージェントとニール・ウォーレスという米国の二人の学者が、"Some Unpleasant Monetarist Arithmetic" 訳せば「あまり心地良からぬはずのマネタリスト算術」とでもなりそうなタイトルの論文でこのことを指摘している。ただ、この論文、そのやや皮肉が効きすぎたタイトルのせいもあってか、著者のサージェントは米国を代表する有力経済学者の一人であるにもかかわらず、そんな考え方もできるかという程度に扱われ、何となく忘れ去られていた。ちなみに、彼らの論文タイトルに出てくる「マネタリスト」というのは、中央銀行が世に供給する貨幣の総量が景気や物価に大きな影響を与えると考える経済学者たちの総称で、そうした考え方をする人たちは、当時の金融政策論の世界では最も勢いのあるグループだった。シムズらによるＦＴＰＬの体系化は、そうしたマネタリスト全盛の学界あるいは経済論壇の中で忘れ去られていた物価決定における財政の役割に、改めて光を当てるものだったという面もある。

なお、私自身はと言えば、今から十五年以上も前の二〇〇〇年ごろ、一橋大学教授（当時・現在は東京大学教授）の渡辺努と一緒に日本のデフレの原因を数式モデルとして解明しようと試みているうちに、そこでは財政に対する人々の予想が無視できないと思うようになり、結局のところＦＴＰＬ的な枠組みにたどり着いたことがあった。そうした私たちの考察は、渡辺との共著『新しい物価理論』（岩波書店）として、彼が勤務していた一橋大学の厚意により同大学経済研究叢書のかたちで二〇〇四年に出版させて頂けたが、正直言って私たちが望んでいたほどの反響は得られなかった。その当時、貨幣論あるいは金融論に深い造詣を持つ学者ほど、中央銀行の貨幣供給のあり方こそが物価を決めるというマネタリスト的な「常識」の中にあったようで、物価の決定に財政が大きな役割を果たすという私たちの主張は、異端の説のような扱いでなかなか真剣には取り上げてもらえなかったのである。

ただ、そうした学界事情のようなものはさておき、この記事も含めてＦＴＰＬに対する受け止め方には、なお多くの誤解があるように思う。ＦＴＰＬとは、その名の通り、物価が財政の影響とは無関係に決まるものではない、確かに物価は「貨幣的現象」であるにしても、それが「金融政策だけ」で操作できるものではない、そのように考える理論であって、貨幣量を拡大さえすれば物価が上がり景気が良くなるとするリフレ論とも、また財政による総需要拡大に所得を増やす直接的効果があるとするケインジアン型の財政政策論とも、まったく違うものだからである。冒頭で紹介した記事は、財政の役割に関する浜田発言の伝え方も含めて、この理論の鳥瞰図を必ずしも正確に語っていないような気がする。

前置きはこのくらいにしておこう。まずは、理論としてのＦＴＰＬとは何に注目しているのか、それを説明することから話を始めたい。

政府と中央銀行の財務的不可分性

ＦＴＰＬという理論の出発点となっているのは、貨幣価値決定における政府と中央銀行の財務的な不可分性である。

そんなことを言うと、中央銀行の独立性は何処へ行ったのか、政府から独立してこそ現代の中央銀行があり、また金融政策があるのではないか、そういう疑問あるいはお叱りを受けるかもしれない。だが、ＦＴＰＬが問題にしているのは、中央銀行の意思決定における政府からの独立性ではない。それが注目するのは、政府と中央銀行の財務は、両者一体となって貨幣価値を支えているし、またそのようにみられているという事実である。

日銀を含め多くの先進国の中央銀行は、その国の政府が発行する国債を買い入れて貨幣を発行している。たとえば、この原稿を書いている最近時つまり二〇一八年二月末における日銀の国債保有総量は四百五十兆円を超え、それ以外の資産は全部合わせても百兆円に満たない。これが銀行券で百兆円と準備預金で三百七十兆円からなる計四百七十兆円の貨幣総量つまりベースマネーを支える構造になっていることになる。現代の中央銀行とは、国の有利子債務である国債を、無利子の銀行券その他のベースマネーに変換する社会的装置の一種なのである。参考までに、次ページに日本銀行のバランスシートすなわち資産と負債および資本の対照表を掲げておいた（パネル２‐１）。これは、異次元緩和開始前の二〇一三年三月末と開始から約五年を経た二〇一八年二月末時点のものだが、異次元緩和により数字は大きく動いているものの、要

パネル 2-1　日本銀行のバランスシート

資産の部			負債および資本の部		
項　目	2013年3月末	2018年2月末		2013年3月末	2018年2月末
金地金	0.4	0.4	発行銀行券	83.4	103.7
国債	125.4	451.8	準備預金	58.1	366.7
株式等	3.0	19.3	政府預金等	1.7	52.4
貸出金	25.5	47.9	その他負債等	15.2	2.3
外国為替	5.0	6.7	引当金	3.2	4.8
その他資産	5.1	7.0	資本金	2.7	3.2
合計	164.3	533.2	合計	164.3	533.2

日本銀行「営業毎旬報告」から作成．単位兆円

するに日本銀行という名の中央銀行は、銀行券や準備預金として取り入れた資金を、主に国債へと運用する金融機関であることが分かる。

また、中央銀行に生じる損益が最終的に政府に帰属する仕組みになっていることも見逃せない点である。中央銀行は、無利子の銀行券とほぼ無利子の準備預金で資金を調達する特権を与えられている代わり、それで得た利益のほとんどを国に納付する義務を負っている。それが現代における「貨幣発行益」、英語で「シニョレッジ」と呼ばれるものである。中央銀行と政府とは、このシニョレッジを通じて結びついてしまっているのだ。財務的に見れば、政府と中央銀行とは親会社と子会社のような関係なのである。

しかし、FTPLが政府と中央銀行を貨幣価値のスポンサーとして一体だと考える理由は、そうした財務上のことだけではない。より重要なのは、政府と中央銀行に対する

信用の源泉は一つだと多くの人が思っているという事実そのものである。私たちは、一国の経済が行き詰まれば外国為替市場でその国の通貨を売ろうとする。大災害や戦争の被害に見舞われた国の通貨も同じ運命をたどる。政府機能の混乱や政権維持可能性への不安も、一般には通貨の売り要因である。これらは、通貨価値は中央銀行だけで支えられているわけではない、通貨価値は国民経済のパフォーマンスと政府の統治能力とに支えられている、そのように信じられていることを示しているはずだ。中央銀行は政府なしには中央銀行でいられないし、また、政府も中央銀行を使い捨てにするわけにはいかない、中央銀行の使い捨ては政府債務の踏み倒しを意味し、それは政府活動の継続性に致命的だからである。だが、人々がそう思うようになったのは、それほど古いことではない。

私たちが貨幣と言われてまっさきに思い浮かべるのは、金貨や銀貨などの金属貨幣だろう。金貨や銀貨が貨幣の主流だった時代、貨幣の価値と言えば、それは要するに素材となっている金属の市場価格であり、それに貨幣という形を与えて使いやすくすることで価値を追加することの対価だけが貨幣の鋳造者にもたらされる利益だった。だから、そうした時代では、貨幣価値の形成に統治者たる政府の関与が不可欠だったわけではない。中世の日本では、政権による貨幣鋳造は極めて限定的にしか行われず、中国から輸入された銅貨が「宋銭」とか「明銭」などとして広範に通用し、さらに輸入銭に似せて作った国内の私鋳銭が混ざって使われていたことが知られているが、貨幣価値の根源が、主として素材金属の採掘精錬費だった時代には、それも当然のことだったのだ。

その状況を変えたのが、産業革命と市民革命を経た西欧圏で始まった「経済成長」である。経済が成長すれば、経済を支える貨幣の需要も増大する。増大する貨幣需要に応えるために考え出されたのが、貴重な金貨や金地金は銀行の金庫に収め、代わりに何時でも金貨に交換しますという約束で「兌換銀行券」を発行するという仕組み、すなわち「金本位制」である。英国のイングランド銀行が銀行券の独占発行権を与えられたのが一八四四年、それが大英帝国の成功とともに多くの国に模倣され「中央銀行」と呼ばれるようになるのは一九世紀も後半のことである。もちろん、その過程には一筋縄ではいかない経緯や偶然のようなものも絡んでいて、語り始めれば話は尽きないのだが、その辺りのエピソードのようなものは、ここでは取り扱わないことにしよう。関心ある読者は、拙著である『貨幣進化論』(新潮社・二〇一〇年)とか『貨幣の経済学』(集英社・二〇〇八年)などを一読してほしい。

金本位制の素顔

金本位制とは金という実物的な資産に銀行券を結び付け貨幣価値を安定させる制度である、そう私たちは教えられてきた。実際、一九世紀に始まり二〇世紀の第一次世界大戦まで続く金本位制の黄金時代、その中軸国たる地位にあったヴィクトリア女王時代の英国の物価は、インフレと経済成長の組み合わせを望ましいとする人たちから、ときに「ヴィクトリア停滞」と揶揄されるほどに安定していたことが知られている。

しかし、そうした金本位制時代における物価安定の素顔は、それほど単純なものではなかったようだ。なぜなら、貨幣価値の基準となるはずの金の価格自体が、放っておいても安定するというような代物ではなかったはずだからである。

金は不滅の輝きを持つと言われることがある。確かに金は錆びも腐りもしないから、その輝きは永遠である。だが、それは、金の価格が不動であることを意味しない。金のように産出量が少なく、採掘するのに多大の費用がかかり、そして用途が限られている資源の価格は、人々の気分や産出量のわずかな変化によって市場価格が大きく変動するのが普通である。金本位制の最後の時期の英国大蔵省に勤務していたことがあるケインズは、一九二三年の著書『貨幣改革論』(中内恒夫訳・東洋経済新報社・一九七八年)にこう書いている。

「金が比較的多量に流入する場合は、金準備を多少引き上げれば吸収されてしまうし、また、金が比較的稀少であるときは、金準備を実用に供する意図はないという事実が、準備率を多少引き下げても、平静を保たせることができたのである。ボーア戦争(一八九九年—一九〇二年)の終わりから一九一四年までに流入した南アフリカの金の大部分は、ヨーロッパその他の諸国の中央銀行の金準備となり、物価に対する影響は僅少であった」

何のことか分かるだろうか。ケインズは、金本位制時代における物価あるいは貨幣価値の安定は、金という実物的資産に貨幣価値を結び付けていたから自動的に実現していたのではなく、その金価格を当時の基軸通貨国であった英国をはじめとする西欧諸国の政府や中央銀行が操作していたから安定していた、そう言っているのである。金本位制の前の時代に金や銀が自然に貨幣としての役割を果たせたのは、人々の経済活動規模が大きく成長することがなかった中世あるいは近世と呼ばれる時代のことで、そうした時代なら金や銀の価格も大きくは上下しなかったからであるに過ぎない。それが変わり、経済が成長して貨幣需要も増大する一方で新たな金鉱の発見が続いたゴールドラッシュの一九世紀に、その金価格を安定させる役割を担った英国政府とイングランド銀行はさぞや大忙しだったことだろう。ちなみに、金本位制を完全に諦めた各国が市場操作を止めてしまった現在では、金は比較的小さなニュースにも価格が大きく反応する商品、貨幣というよりは投機に向いた資源に戻ってしまっている。

もっとも、そこまでして金価格を操作し物価を安定させる必要はどこにあったのだろう。古今東西、およそ国王や皇帝などの権力者は、借金王であると同時に借金踏み倒し王であったことが少なくない。怖いものがない彼らにとっては、約束を反故にしても罰せられる恐れなどないからである。では、なぜ金本位制時代の英国はそうしなかったのだろうか。これは、なかなか面白いクイズになる。しかも、当時の英国は世界史上でも珍しいほどの借金大国だったからだ。一橋大学教授の北村行伸によれば、一八二〇年代の初めの英国政府の債務残高は、ナポレオン戦争の戦費負担の累積から、GDPの二・六倍、現代風に言えばいつ債務危機が起こってもおかしくない水準に達していたとされている(ちなみに、二〇一七年における日本の国庫総債務対GDP比率は約二・〇倍で、これもまた危機的な水準にあるといえる)。

英国のすごいところは、この国債累積の重圧を一九世紀前半までには債務の整理統合などで凌ぎ、後半に入って純償還に転じ、第一次世界大戦前の一九一四年にはGDPの四分の一程度にまで減らし切ったところにある。償還への舵を切ったのは、一八五二年に初めて大蔵大臣を務め、短い下野時代を経て六六年に蔵相、六八年に首相に就任したウィリアム・E・グラッドストンである。なぜ、当時の英国は借金の踏み倒しの誘惑に耐え続けたのだろうか。

律義な政府の成立

政府による借金の踏み倒しには、二つの方法がある。第一の方法は、正面突破である。もっとも、これは弱い国にできることではない。当時の国債はすでに国際資本市場で取引される金融商品だった。そして時代は弱肉強食の一九世紀である。そんなときに普通の国が債務を踏み倒すなどと言ったら、債権国は軍艦を派遣して政府機能を占拠しに来るだろう。今でも、軍艦こそやって来ないが、代わりに、善意にあふれ、善意の余りに失敗の多いIMFという専門家集団が、政府機能(の一部)を占拠しに来ることになる。だが、一九世紀の英国の事情は違ったはずだ。この時代にIMFなど存在しないし、まして債務者は当時の世界最強国だった英国政府である。その英国なら、他国の軍艦など恐れるに足るまい。堂々と踏み倒せばよい。要するに正面突破するのである。

それに踏み倒しの方法は正面突破だけではない。第二の方法もある。兌換銀行券というのは、金塊と銀行券を交換する約束の債務証書ではなく、あくまでも銀行券を金貨に交換することを約する債務証書なので、金貨の量目を変更してしまえば借金は踏み倒せる。ポンドという呼称はそのままで、ポンド貨に含まれる金の量を減らしてしまう、いわば裏口脱出である。ところが、この時代の英国は、そんなことを考えもしなかったらしい。英国の金貨は、一八世紀の初めにアイザック・ニュートン（あのニュートンである、その時期のニュートンは造幣局長官を務めていた）が確定した金銀銅貨価値比率（これを「ニュートン比価」という）に基づいて「一ポンド＝金七・三二グラム」に固定され、一九一七年まで同じ量目で製造され続けている。英国ポンド貨の品質は二百年間にわたって変更されていないのだ。これは財政事情が苦しくなるたびに金貨の改鋳つまり量目変更を繰り返した江戸時代の日本とは大きな違いである。

なぜだろう。なぜ英国は、正面からも裏口からも、借金の踏み倒しをしようとしなかったのだろうか。理由の大きな部分は英国の保守性だろうが、それには国債の保有者の多くが支配階級である金持ちや貴族であったことも当然に影響していたはずだ。江戸時代の日本が貨幣改鋳を繰り返すことができたのは、貨幣を貯め込み政府の借用証書を持っていたのは主として被支配階級である町人たちだったことによるものだろう。民主主義というのは、政府の借金踏み倒しを簡単には許さない政治システムなのである。

だが、一九世紀の後半、グラッドストンの英国が債務の純償還に転じた背景には、「次への備え」が大きかったのではないだろうか。

ナポレオン戦争は英国に多額の政府債務を残したが、見方を変えれば、国債というかたちで資本市場から戦費を調達できたことが、国民軍という新しいタイプの軍隊編成に成功し欧州を席巻した軍事強国フランスに辛うじて勝てた理由の一つであったといえる。絶対王政が倒れて日が浅いフランスは資本市場が未発達で、英国のように膨大な戦費を資本市場から調達するという離れ業など、まだまだ無理な話だったのである。資本市場成立の基本的な条件である財産権の不可侵がフランスで確立したのは一八〇四年のナポレオン法典によってであるから、一七世紀末の名誉革命で「権利の章典」を制定し財産権を保障して資本市場を発達させていた英国との差は大きい。それを教訓とすれば、一九世紀後半に急速に台頭してきたプロイセン＝ドイツ帝国との次なる対決に備えるためには、正面からも裏口からも借金の踏み倒しなどしない国だという評価を、国内的にも国際的にも確立しておく必要があったのではないだろうか。

ちなみに、一九世紀の英国は、ナポレオン戦争を凌ぎ切ったと言っても、経済力という点ではなお「超大国」ではなかった。ヴィクトリア朝黄金期の一八七〇年ごろの英国の世界ＧＤＰシェアは九％程度で、これはバブル経済期日本のそれをわずかに上回る程度に過ぎない。英国の世界ＧＤＰシェアが覇権国の目安ともいえる二十％を超えるのは、一八七七年にインドを併合して英印二重帝国になってからのことで、それでも単一国家でこの水準に楽々と達していた第二次大戦後の米国とは比較になるまい。英国にとっては、資本市場からの信頼は、いつ再び襲ってくるか分からない「国難」に備えるための命綱のようなものだったのである。

英国の選択は成功したと言える。ドイツとの二度の大戦を経た一九四七年の英国の政府債務残高対GDP比率はまたもや二・四倍近くにまで達するが、危機に臨んでそこまで借金を再膨張させることができたのも、大戦前の英国が政府債務残高を大きく縮減しておいてくれたおかげである。世界に先駆けて産業革命を成し遂げたとはいえ、新興のドイツや米国に比べて圧倒的な国力を有するとは言えなくなったはずの英国が、二百年間にわたって列強の筆頭であり続けるためには、その政府は「律義」である必要があったわけだ。

やや余談になるが、この時代に少し先立つ一九世紀初頭の英国にデイヴィッド・リカードが現れたのも偶然でないような気がする。リカードは、国際経済学の教科書には必ず載っている「比較生産費説」を唱えた経済学者として知られているが、彼の財政活動に関する議論は、二〇世紀後半に米国のロバート・J・バローによって定式化され、「国債増発による景気刺激策は、将来における増税を予想した人々の防衛的行動によってキャンセルされ、長期的には無効である」とする「リカード＝バローの等価定理」という名で、ケインジアン型の公共投資を軸にした経済政策運営に警鐘を鳴らす理論になった。

リカード＝バローの等価定理は、今では多くの経済政策論の教科書に書かれる標準理論の一つになっているが、こうした考え方の背景にあるのも「律義な政府」である。もし政府が律義でなかったら、政府が借金を踏み倒すだろうという予想が生じたとき、インフレから逃避しようとする人々の行動によって、国債増発はケインジアンの主張とは別の文脈で景気刺激効果を持つかもしれないし、逆に、政府の借金踏み倒しを見越した投資家から高い金利を付すことを要求されて、資本市場全体の資金調達コストを大きく上昇させ、思わぬ景気抑制効果を持ってしまうかもしれない。

リカード的な主張をする人たちのことを「リカーディアン」と呼ぶことがあるが、彼らの議論の前提になっているのも裏口からの借金踏み倒しをしない政府なのである。

歴史の話はこのくらいにしておこう。金本位制は二〇世紀の二度の大戦で崩壊した。両大戦の戦間期には短い金本位制の復活時代があり、また、第二次大戦後には、この制度の採用が決まった一九四四年の国際会議開催地の名を取って「ブレトンウッズ体制」と呼ばれた時代もあった。年配の読者は体験しているかもしれない「一ドル＝三百六十円」の固定相場制時代である。ブレトンウッズ体制とは、英国に代わって世界の基軸通貨国になった米国が「一トロイオンス＝三十五ドル」という平価を設定するが、この平価での交換に応じるのは他国の政府や中央銀行から請求があったときに限るとし、他の国々はドルに対し自国通貨価値を固定するという一種の拡大版金本位制だが、これも一九七一年に米国が金ドル交換義務を放棄すると宣言したことが発端となって崩壊してしまった。今から振り返れば、金本位制が持続できなかった理由は、採掘にも精錬にもコストがかかり、それ故に価値があるとされる金のような資源を貨幣発行システムの中に取り込むことの本質的な不経済にあると思えるのだが、それは、いわゆる通貨間競争の見通しにも通じる話として本書最後の第四章をお読みになる際に思い返して頂くということにしたい。次には、ＦＴＰＬとはそもそもどんな理論構成なのか、それを簡単な数式を使って紹介することにしよう。

二　物価水準の財政理論と金融政策の役割

統合政府のバランスシート

ＦＴＰＬの考え方を理解してもらうのには「統合政府のバランスシート」というものを想定してもらうと良い。ここで「統合政府」とは政府と中央銀行を財務的に一体として扱った「広義の政府」のこと、バランスシートとは企業会計に使われる資産と負債および資本の対照表のことであるが、私たちが試みたいのは貨幣価値がどう決まるかという問題を、その支え手が誰であるかに注目して考えようということだから、企業会計で使われるそれと形式は似ていても中身は異なっている。まずは、その概念を左ページのパネル2-2で示しておこう。

さて、説明である。最初に「政府のバランスシート」に注目して欲しい。表の左側の一番上には「政府債務償還財源（S）」という概念を書いておいた。ここで「政府債務償還財源」という、やや聞きなれないだろう言葉を用いたのは、FTPLでは、国債が人々に受け入れられている以上は、発行済みの国債に見合う何らかの償還財源についての予想が資本市場で共有されているはずだという考え方に基づいて議論を組み立てるからである。償還財源は何でもよい。だから、この数字には、普通の意味での税収から政府の経常的な支出を控除した残差についての予想だけではなく、政府がその気になれば処分可能な国有財産の価値や、社会政策や対外政策変更による社会保障費あるいは国防費圧縮可能額など、さまざまなものが含まれていることになる。それらは、具体的な金額として政府の財政計画などに計上されているわけではないが、本気で財政を整理しようとするときには政府債務償還財源として活用できるからである。

また、特に注意しておいて欲しいのは、政府債務償還財源Sは現在の貨幣価値で評価した金額（名目額）ではなく、実物的な財やサービスの量つまりは実質額で考えるべきだろうということである。それは、ここで想定しているのが、貨幣価値を操作して借金を踏み倒そうとなどしない政府、言い換えれば「律義な政府」だからである。

政府の経済活動というのは、便利さとか安心安全というようなサービスを国民に提供し、その対価として税金を取り立てるという意味では企業活動のような側面がある。提供するサービスと対価である税金は実質ベースで見合っていなければならない。それが見合っていない政府

政府のバランスシート

（資産の部）	（負債・資本の部）
政府債務償還財源(S)	市中保有国債(B)
中央銀行自己資本(K)	中央銀行保有国債(C)

中央銀行のバランスシート

（資産の部）	（負債・資本の部）
中央銀行保有国債(C)	ベースマネー(M)
対市中与信(L)	中央銀行自己資本(K)
金準備等(Z)	

↓

統合政府のバランスシート

（資産の部）	（負債・資本の部）
統合政府債務償還財源(S)	ベースマネー(M)
対市中与信(L)	市中保有国債(B)
金準備等(Z)	

↓

名目純債務額と実質償還財源額との比率が物価水準なので,

$$P = \frac{M+B-L}{S+Z}$$

となるが，小さな項目を無視すれば,

$$P = \frac{M+B}{S}$$

が得られる．これが物価水準決定式になる．

パネル 2–2　FTPL の基本構造

は長期的には革命とか選挙とかによって排除されるはずだ。もっとも、提供するサービスと対価たる税収とが単年度で見合っている必要はない。政府が将来に備えて基金を積み立てたり、将来の税収を見合いに前借つまり国債発行を行ったりすることも、それが納得できる収支計画に基づいて行われるのであれば、納税者からも資本市場からも拒否されないだろう。これが政府債務償還財源Sを実質ベースで考えるとした理由である。

バランスシート左側の二番目は「中央銀行自己資本(K)」である。中央銀行が貨幣発行により得ている利益つまりシニョレッジは、究極的には政府に帰属するということが、これを表の左側に計上しておく理由である。

続けてバランスシートの右側である。ここでは、中央銀行以外の金融機関や個人あるいは外国などに保有されている国債を「市中保有国債(B)」とし、中央銀行保有分を「中央銀行保有国債(C)」として二段に分けて整理しておく。注意してほしいのは、国債は貨幣ベースで表示される政府の債務証書であり、したがって、その大きさは貨幣の量つまり名目額で測るものだということである。政府の活動は実質ベースで意味を持たねばならないが、その政府が現在から将来にまたがった資金調達をするときの契約は、基本的には名目ベースで支払い義務を確定するのが普通だからである。なお、こう説明すると、24ページで持ち出した物価連動国債とは何かという疑問が出るかもしれないが、ここでは金額的にわずかなものだという理由で無視することを許してほしい。物価連動国債が政府債務の全部になってしまうと、貨幣価値は中央銀行の金準備等の実質資産と貨幣発行総量とのバランスだけで決まるという、純粋の金本位制下での貨幣価値決定プロセスが再現してしまう可能性がありそうなのだが、それを議論するのは、しょせんは知的遊戯の域を出ないように思える。

次に「中央銀行のバランスシート」を説明しよう。実際の中央銀行のバランスシートの例としては、最近時の日本銀行のものを４０ページに掲載しておいたわけだが、ここではそれを頭の整理のために概念化したものを書いておくことにする。左側の第一段目には「中央銀行保有国債(C)」を書き、二段目には「対市中与信(L)」を書いて、そして三段目にはそれ以外の資産を「金準備等(Z)」として括っておいた。日本銀行は、金本位制時代の金準備の名残のようなものとして金を保有している一方で、量的緩和推進の過程で少なくない株式を買い入れているが、過去の金本位制と現代の通貨制度を比較して考える都合も考え、それらを一括して「金準備等」という項目名で呼ぶことにしておく。この項目で重要なことは、それが政府債務償還財源Sと同じく実質ベースでの財産的な権利だということである。なお、実際の日本銀行は外国為替という勘定名で対外資産を保有しているが、これについても自身が発行する通貨建ての権利でないので、ＦＴＰＬの理論構築上は実質ベースの権利に準じて扱うことになるのだが、その説明をしていると長くなるので省略させてほしい。

一方、右側の一段目は「ベースマネー（Ｍ）」だが、中身としては彼らが発行している銀行券と金融機関から受け入れている準備預金の合計で、これが中央銀行の負債になる。ついでながら、現代の中央銀行が発行する銀行券が普通の企業の社債や借入と違うのは、銀行券という債務の履行は銀行券自体で行えるという仕掛けとなっていることである。こうした奇妙とも言える性格にもかかわらず、銀行券を中央銀行の「負債」と位置付けるのは、金本位制を卒業している現代でも、もし中央銀行が銀行券を回収しようと思えば、銀行券と引き換えに国債や金地金など、彼らのバランスシート左側の資産を引き渡すことになるはずだからである。なお、中央銀行が国債を売り渡して銀行券を回収することを「国債の売りオペレーション」、略して「売りオペ」という。売りオペの反対が第一章で説明した「買いオペ」である（２３ページ）。

右側の二段目は「中央銀行自己資本（Ｋ）」である。なお、日銀には普通の会社の株式に相当するものとして出資証券というものがあるのだが、その半分超は設立当初から政府が保有し、残りは民間の保有となっている。ただ、そもそも出資証券の総額は自己資本の〇・〇〇一％そこそこの一億円に過ぎず、しかも出資証券保有者への配当は最大で年に五％と法定され、株式のような議決権がないうえ、仮に日本銀行が解散になっても配分されるのは払込資本金額と総額でたった千三百万円の特別準備金なる勘定の持ち分相当額に過ぎない。これらの点からみれば、中央銀行の自己資本とは、要するに過去のシニョレッジの蓄積であり、それは基本的に政府に帰属すると位置付けてよいはずだ。

ここまで来ればあとは簡単だ。政府と中央銀行のバランスシートを会計処理でいう親子会社連結のイメージで合算し、その結果として表の左右で打ち消しあう項目を消去してしまえばよい。これで「統合政府のバランスシート」を作成することができる。なお、この際、これまで単に「政府債務償還財源」と書いていた項目については、そこに「統合」の二文字を加えて「統合政府債務償還財源」と書くことにさせて頂きたい。もちろん、実際の政府や中央銀行の資産や負債には、企業でいう未収金や未払金のようなものもあるし、外国の政府や企業に対する請求権やその逆などもあるはずなので、もうすこしややこしいのだが、頭の整理のためにはこの位まで単純化した方が良いだろう。その結果を下向き矢印の先に書いておいた。

物価水準は財政で決まる

こう整理すれば、FTPLで物価水準は財政のありようで決まると考えている理由も極めて単純なものであることが明らかになる。統合政府のバランスシートの資産側には、実質ベースでの価値である統合政府債務償還財源Sと金準備等Z、そして名目ベースの数字である対市中与信Lがあり、一方、負債側には価値の大きさが名目ベースの契約で決まっているベースマネーMと市中保有国債残高Bとがあるから、この両者をバランスさせるように実質ベースの価値と名目ベースの価値との交換比率である貨幣価値が決まる、あるいは、同じことであるが、貨幣価値の逆数である物価水準が決まるはずだからだ。そうでなければ、人々は国債や銀行券に見向きもしなくなるか、それとも国債や銀行券ばかりに群がり実物投資のサイクルが停止してしまうはずである。そんなことが起こっていないのであれば、物価水準Pは、

$$P = \frac{M + B - L}{S + Z}$$

という式で決定されることになるし、ここでLやZは小さいはずだから無視してしまえば、

$$P = \frac{M + B}{S}$$

と簡略化してしまっても良さそうだ。これがＦＴＰＬにおける物価水準決定式である。パネルにはそのことも二つ目の矢印の先に書きこんでおいた。

ややや余談になるが、こうして得た式は過去の通貨制度と現代とが、少なくとも原理的には断絶しているものではないことを教えてくれるものでもある。たとえば、政府関与のない発券銀行の時代のことを考えれば、政府に関係する項目ＳやＢは消え、代わりに発券銀行（政府関与がないのでこう呼んでおく）の自己資本Ｋが復活し、この式は、

$$P=\frac{M-L}{Z-K}$$

というような形になっていただろうと考えられる。だからこそ、この当時の発券銀行は金平価により制度的に固定されたＰを守るため（Ｌの減少をＫで吸収しきれないとＰが動いてしまう）、何としてもＬを健全なものに保つ必要があったわけである。

また、政府と結びついた中央銀行による金本位制の時代になると、もう物価水準決定式のかたちは現代と変わらなくなる。現代と違うのは、項目の相対的な大小関係だけで、現代に比べれば項目ＢやＳは小さく、項目ＺやＬは大きかったことぐらいだろう。貨幣価値を支えるのが

パネル 2-3　日本銀行のバランスシート
（1897 年 12 月末・金本位制開始直後のもの）

資産の部		負債および資本の部	
地金	33,606	発行銀行券	226,229
現金	67,170	国庫金	5,630
政府貸出	28,831	政府預金	68,658
民間貸出	109,355	民間預金	3,822
国債	40,202	その他負債	3,533
預け金および その他資産	80,363	資本金・積立金・当期剰余金	51,655
合計	359,527	合計	359,527

『日本銀行百年史・資料編』（日本銀行・1986 年）より作成．単位千円．なお資産の中の「現金」とは主として金貨および銀貨のこと

政府の役割であることは現代と変わらなくなっているのだ。参考までに、一八九七年、清国から得た多額の賠償金を背景に金本位制に移行した当時の日本銀行のバランスシートを上のパネル2−3に書いておこう（現在のバランスシートとは項目が少し異なっているが、細部は気にしないで概観して頂きたい）。金本位制の時代になると、戦争や災害などで政府への信用に疑念が生じると貨幣価値（への見通し）が変化し、それが原因で政府が平価変更に追い込まれるという事態がしばしば生じるようになるが、それもＦＴＰＬという観点からは当然の話ということになる。

ところで、ここで面白いのは金準備の作用である。式を見れば分かる通り、中央銀行がどの程度まで金準備を保有するかは、差し当たり物価水準には影響しない。中央銀行が金準備を積み増すために銀行券を増発して金を市中から買い入れるのは式の分母と分子を同じ比率で増加させるだ

けのことだから物価水準Ｐには影響しないし、銀行券の兌換請求に応じて金を放出するのも同じことのはずだ。では、なぜ、金準備を持つことが中央銀行の役割とされていたのだろうか。その答を知りたくなったら、４３ページ以下を見直して欲しい。金準備の操作は金価格安定のためだったとケインズが書いている、あの部分が答である。政府とセットになった中央銀行の時代の金本位制というのは、貨幣価値あるいは物価水準をどう保とうとするか、それを伝えるメッセージあるいは分かりやすい看板として「金」を表に出しているだけだ、ケインズがそうとも語っていたことに気付くはずである。

さて、ここまでが理論としてのＦＴＰＬの枠組みである。しかし、こう説明すると読者は不思議に思わないだろうか。このＦＴＰＬの式の中には中央銀行も金融政策も登場しない。それでよいのだろうか。金融政策はどこにあるのだろう。それが気にかかるはずだ。それを解く鍵になるのが３１ページのパネル１‐６で説明した割引現在価値の考え方である。

水準のスポンサーと坂の演出者

改めてＦＴＰＬの物価水準決定式をチェックしてみよう。問題の全体像を摑むには簡単な式の方が良いので、５８ページの、

$$P=\frac{M+B}{S}$$

を眺めて欲しい。ここで注意したいのは、ベースマネー残高Mを除けば、市中保有国債残高Bも統合政府債務償還財源Sも、その正体は、現在から将来にわたって統合政府に帰属する義務と権利の割引現在価値だということである。もっとも、こういう言い方をすると国債残高は何百兆円というような数字で把握できるから予想ではない、確定している数字ではないか、そういう疑問が出てくるかもしれない。だが、それは違うのである。なぜならFTPLにおけるバランスシートというのは、統合政府という仮想的な経済主体が現在から将来にかけて確保することになるはずの財産権の「時価」と、そうした統合政府に対して市中が持つ請求権の「時価」とを、企業のバランスシート的なイメージで対照させせただけのもので、会計士が作成する財務諸表の一つであるバランスシートつまり貸借対照表とは原理が異なるものだからである。

そうした観点からFTPLにおける市中保有国債残高Bを式として表したのが左ページのパネル2-4の①式である。やや面倒そうな形をしているが、要するに市中保有国債の時価は現在から将来にわたる一連の支払い義務額の割引現在価値合計額だということを整理しただけの

① 市中保有国債残高Bは各期の支払い義務額をb_1, b_2 …などとすれば，現在から限りなく未来までの価値を定式化して下記のように表現できる．

$$B = \frac{b_1}{(1+i)} + \frac{b_2}{(1+i)^2} + \cdots = \Sigma_{k=1,\infty} \frac{b_k}{(1+i)^k}$$

② 統合政府債務償還財源Sは各期の支払い義務額をs_1, s_2 …などとすれば，現在から限りなく未来までの価値を定式化して下記のように表現できる．

$$S = \frac{s_1}{(1+r)} + \frac{s_2}{(1+r)^2} + \cdots = \Sigma_{k=1,\infty} \frac{s_k}{(1+r)^k}$$

③ FTPLの物価水準決定式

$$P = \frac{M+B}{S} = \frac{M+\Sigma_{k=1,\infty} \frac{b_k}{(1+i)^k}}{\Sigma_{k=1,\infty} \frac{s_k}{(1+r)^k}}$$

パネル2-4　割引現在価値で整理した物価水準決定式

ものだ。なお、ここでの割引率とは、貨幣的な権利義務の現在価値を求めるのに使われる利子率としての名目金利であることに注意しておいてほしい。また、実際の名目金利は、たとえば現在から一年間は二%だが、来年からは五%に上昇する、などという具合に時間軸上で上がったり下がったりしているはずなのだが、この式では分かりやすさを優先して、そうした変化(これを「金利の期間構造」という)は無視して、現在から償還期までの全期間を一つの利子率「i」でまとめさせていただいている。

一方、多少の工夫あるいは割り切り

が必要なのは、分母の統合政府債務償還財源Sである。ある人は、現在の苦しい財政状況を反映して当分の間は税収を支出が上回る状況が続き、国債その他の負債を償還する能力が出てくるのはずっと先になるだろうと思っているかもしれないし、別の人は、わが日本でも一九世紀英国のグラッドストンのような政治家が近いうちに登場し、累積した国債の始末をつける仕事を始めると期待しているかもしれない。だから、現在から将来にわたるどの時期にこの項目がどの程度のプラスになるかは誰も確定的なことを言えないということになる。ただ、そんなことを言っていては話が進まないので、概念整理のために分子と同じようなかたちの計算式として書いてみたのがパネル2-4の②式である。こちらの割引率は実質ベースの金利である「自然利子率」である。自然利子率も名目金利同様に期間構造を持っているはずなのだが、こちらも分かりやすさ優先で利子率「r」に統一しておく。

さて、こうして対比してみると、FTPLでの金融政策がどこに隠れていたか、もう気が付くだろう。金融政策は名目金利iの背後にいたのだ。これをFTPLの物価水準決定式として書き込んでおこう(パネル2-4③式)。これでFTPLの世界に金融政策が入ってきたことになる。この式を見れば、中央銀行が金融を引き締めて名目金利を引き上げると、物価水準決定式の分子中の市中国債残高の時価Bが小さくなることが分かる。それは物価を押し下げる効果を持つはずだ。反対に金融緩和で名目金利を下げれば物価を支えるような効果を作り出せるはずだ。ただし、物価を支えることはいつでもいくらでもできるとは限らない。名目金利は上方にはいくらでも引き上げられるが、下方にはゼロを超えて引き下げることができないからである。ケインズの「流動性の罠」はＦＴＰＬの世界でも健在ということである。

また、この整理は量的緩和がゼロ金利下でなぜ効かないのか、それを示してくれるものでもある。量的緩和は、市中保有国債とベースマネーとの時価による交換なのだから、それ自体が金利を動かす効果を持たない限り、いくら緩和だと叫んで世の中を盛り上げようとしても、しょせんは物価水準決定式の分子項目間での等額入れ替えに過ぎず、したがって均衡物価水準に影響を与えることはできない。日銀が躍起になって異次元緩和を進めても物価が動かなかった理由もここにあったわけだ。本章の冒頭で紹介した浜田内閣官房参与の発言中に「金利がゼロに近くては量的緩和は効かなくなる」という指摘があったのも、おそらくこの趣旨だったのだろうと私は思っている。

一方、財政の動きはどうだろうか。ＦＴＰＬは、もしそれが「律義」に行われるのであれば、財政政策は物価に影響しないということも示してくれている。いわゆる財政再建の延期や前倒しは、分母の統合政府債務償還財源Ｓの構成要素間の自然利子率による時間軸上での入れ替えであり、国債の借り換えや繰り上げ償還は、分子の市中保有国債Bの構成要素間の名目金利による入れ替えに過ぎないからだ。律義な政府の財政行動は物価に対して中立的ということだが、これは「リカード＝バローの等価定理」（49ページ）のFTPL版でもある。物価水準の財政理論と言うと、それが財政政策で物価を自由自在に動かす理論であるかのように思われてしまいがちだが、FTPLの物価水準決定式が示すのは、物価水準は政府の「実力」に対する人々の見方で決まっていて、単なる公共投資の拡大縮小や国債の増発償還では物価は動かないということなのである。

さて、それでは、金融政策の方は万能なのだろうか、より正確には、流動性の罠にかからない限り金融政策は万能なのだろうか。

それも違う。たとえばという程度の話であるが、国の財政基盤が天災や戦争などによって傷ついたとしよう。生産設備が毀損したり領土が奪われたりしたと想像してみるのである。政府の税収は取り返しのつかない打撃を受けることになる。FTPLの物価水準決定式でいえば、予想されていなかった要因により、分母がいきなり小さくなるという話だ。当然のことながら物価水準には上方向の力がかかる。通貨価値を支えていた財政力の弱体化により、通貨価値の逆数である物価水準を一気にジャンプアップさせるような効果が生じてしまうわけだ。

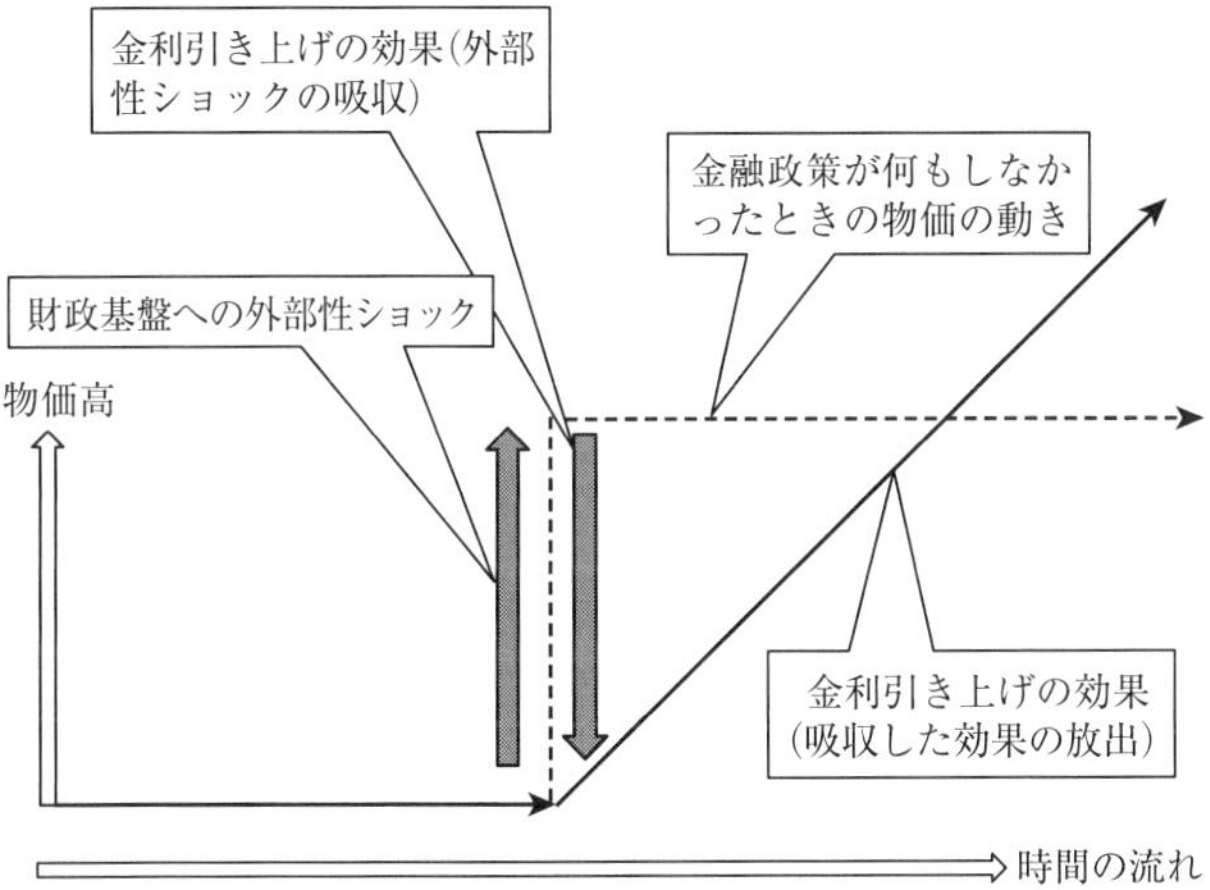

パネル 2-5　金融政策によるショックの吸収

さて、ここに中央銀行が登場したとしよう。中央銀行は物価を落ち着かせることができるだろうか。できることは明らかである。金融を引き締めて名目金利を上げ分子を小さくしてやればよい。これ自体は可能だ。しかし、残念ながら話はここでは終わらない。

フィッシャー方程式に戻ってほしい(12ページ)。この式が示すのは、名目金利と物価期待の上昇は同時に起こる、実物財市場を通じる投資と貨幣市場を通じる貯蓄とがバランスする限りは同時に起こる、そういうことである。これが意味するのは、金融引き締めによる物価の抑制効果は、当初のジャンプアップ効果を消してしまうのではなく、上のパネル2-5で図解するように、効果を先送りしているに過ぎないということである。

FTPLは政府が貨幣価値つまり物価の「水準」のスポンサーだと言っているのだとしたら、フィッシャー方程式は中央銀行が物価の「坂」の演出者だと言っているわけだ。

もっとも、これだけのことで、そうかインフレやデフレを起こせるのは中央銀行だけなのかと思わないで欲しい。インフレというのは現象であり、具体的には継続的に物価が上がり続ける現象、デフレはその逆の現象である。ここで「継続的に」というのがポイントだ。例として持ち出した天災や戦争が物価水準に与える影響だって、それがじりじりと実現すればインフレと見えるだろうし、それが一気に実現すれば、消費増税が物価に与える効果などと同じく、一時的要因による物価のジャンプアップ現象として受け取られ、インフレとは言われないかもしれない。新しく生じた変化がどの程度まで急激な変化となって現れるかは、それを受け止める人々の心の持ち方や市場の構造にもよるのである。

そして、このことは「失われた二十年」とも呼ばれるようになった平成のデフレ現象がどこから来たかについて、私たちに示唆を与えてくれるものでもある。

デフレはどこから来たか

一九九〇年代入りとともに急激に起こったバブル崩壊現象は九三年には収束するが、その後の日本を悩ませたのが長くしぶといデフレだった。そうしたデフレ長期化について、日本だけでなく世界的に形成されたコンセンサスは、デフレ長期化の責任は日本の金融政策にある、日銀が十分な金融緩和を行わなかったことが、日本がデフレから脱却できなかった原因だというものであった。

日本が「流動性の罠」の状況にあると指摘したクルーグマンは（17ページ）、二〇一三年に刊行した『そして日本経済が世界の希望になる』（山形浩生監修解説・大野和基訳・PHP新書）のなかで「日本経済の長きにわたる失敗の歴史は、日銀の政策が〝船に乗り遅れた〟からにすぎない」と断言している。この書は、彼の「語り下ろし」ということなので、英語でのオリジナル発言は公表されていないようだが、この辺りの認識が黒田による異次元緩和スタートを歓迎する時代の空気の根底にあったのだろう。

だが、ここで63ページのパネル2-4の③式に戻ってもらいたい。注目してもらいたいのは、分母である統合政府債務償還財源Sが自然利子率ｒによって割り引かれ、現在価値化されている点である。これは、自然利子率が上昇すれば②式の分母の減少を通じて物価水準に押し上げ効果が生じるし、自然利子率の低下はその逆の効果を生じさせることを意味する。そして、その自然利子率の顕著な低下という現象が、九〇年代の前半にかけての日本で実際に起こり、その後も回復していないことがデータによって明らかにされてきている。

たとえば左ページのパネル2-6である。これは、二〇一六年一月末の準備預金へのマイナス金利導入後の市場の混乱を受けて同年九月に公表された日銀の「総括的検証」における付属文書からのコピーだが、これを見ても日本の自然利子率低下というものがいかに急激だったかが分かるだろう。ちなみに、グラフにHPフィルター(正式には「ホドリック=プレスコット・フィルター」という)という手法名らしきものや、Laubach and Williamsなどという人名らしきものが出てくるのは気にしないで欲しい。自然利子率は、名目金利と違い市場金利の動きから直接観察することができず、国債その他の金利動向に物価の長期的な傾向や景気の循環的な変動を組み合わせるなどして間接的に推測することしかできない。自然利子率の値が推計方法によって高いものから低いものまで、相当な散らばりを示しているのはそのためである。

ただ、そうした推定技術上の問題はあるにせよ、一九八〇年代まで四%程度は維持していたと思われる日本の自然利子率は、九一年から九三年にかけてのバブル崩壊後の景気後退期に三%かそれ以上の幅で急低下し、その後は回復していないらしいのである。これは何を意味するだろうか。

自然利子率が低下したとしたら、この時期の名目金利は限度一杯の金融緩和により事実上ゼ

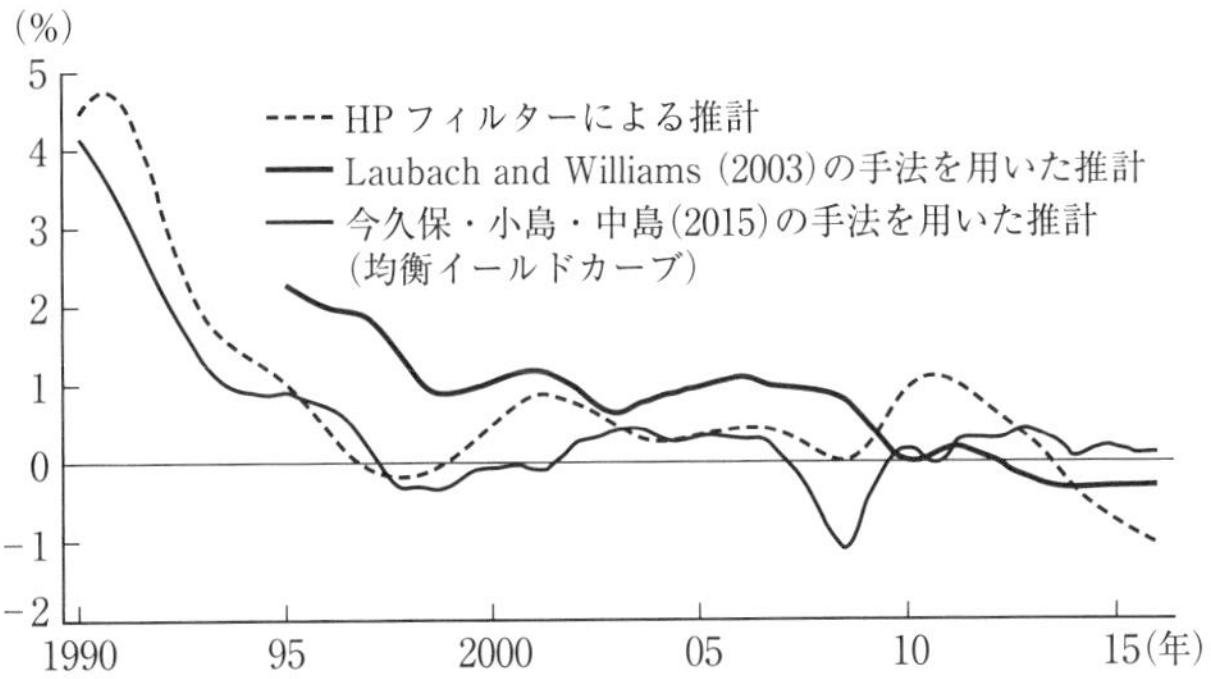

2016年の「総括的検証」(日本銀行)の付属文書(背景説明)より

パネル2-6　自然利子率の推計例

ロに釘付けされて動かなかったはずだから、資本市場の均衡条件を示す１２ページのフィッシャー方程式からすると、バランスを取って右辺の物価上昇期待が大きくなりそうだ、それならインフレが起こったはずではないか、そう片づけてはいけない。ＦＴＰＬの物価水準決定式は、長期間にわたる自然利子率の低下は、それがフィッシャー方程式を通じて「坂」としてのインフレ効果を作り出す前に、現在の物価の「水準」に強烈なデフレ効果を与えてしまうことを示すものだからだ。物価水準決定式の分母を見ると、現在から将来にかけて政府が用意するだろうと考える債務償還財源の各年別の大きさ（実質値）を、自然利子率を使って複利計算で割り引いて実質現在価値化したものとなっている。したがって、政府が現在から将来まで平均的にみてどのくらいの時間軸で債務償還財源を用意しているかに関する予想の「足の長さ」によっては、三％の自然利子率低下の「デフレ効果」は想像を絶するほどのものになってしまうことになる。

試算をしてみよう。もし人々が、政府は今から十年後に本格的な財政再建つまり国債純償還に転じて二十年かけ今から三十年後に完済するだろう、そう思っているとしよう。実際にどうなるか、政府が何を言っているかが問題なのではない、人々にどう思われているかが問題なのだから、この数字は仮置きである。仮置きのついでに、人々のイメージが、財政再建開始後は均等に国債の実質ベース残高が減少すると思っているというようなものであったとも仮定しておこう。そうすると、自然利子率下落が分母に与える効果は、十年と三十年の平均である二十年分の複利効果となって現われるはずだ。計算すると「一＋〇・〇三」の二十乗は約一・八一だから、これで一を割った答が〇・五五、つまりは四十五％ほどもの物価下落圧力がバブル崩壊後の三年間ほどで生じていたことになる。こうした数字は仮定の置き方で何とでもなりはするが、ともあれ生半可なものでなかったことだけは確かである。

しかし、当時の日本でそこまでのデフレは生じなかった。それは、ここで持ち出した自然利子率の急低下の背景にある状況についての人々の認識が、今から思えば楽観的なもので、いずれ日本経済は復活して遠からず自然利子率も上がって来るだろうと思っていたことによるのかもしれないが、理由はそれだけではあるまい。もっと大きな理由は、こうした試算が示すものは、政府が自然利子率の低下という状況を前にして何も動かなかったとき、言い換えれば、バブル崩壊後の民間経済の苦境のなかで、政府だけが孤高を維持し財政健全化目標を緩和あるいは放棄するようなアクションを取らなかったとき、そうしたときに生じる理論的な物価水準の落ち着きどころであるに過ぎないというところにある。

世の現実の中で暮らしている人々は、政治家や学者が議論する以上に覚めていることが多いものだが、そうして覚めている人々は、政府が掲げ続ける財政健全化目標なるものについても、実は半信半疑だったのではないだろうか。それがＦＴＰＬの物価水準決定式が示すほどには強烈なデフレ圧力が一気には生じなかったことの背景にあったように思える。

ただ、そうは言っても、本気で律義であろうとすればその徴税力をもって、どこまでも律義であり続けることができる政府に資金を託することの魅力は、民間の企業やプロジェクトへの投資に対し相対的に高まり続けていたのだろう。日本経済が勢いを失う中で財政再建の旗を降ろさない日本政府、その政府が発行する国債に投資家が群がるという現象が顕著に見られたことがそれを示している。

デフレは、日本経済が基礎的な体力を失う中で、なお律義の建前を崩さない政府に頼ろうとする人々の心の中からやって来た、私にはそう思えてならない。それは、今の日銀が躍起になってデフレ脱却の旗を振っても物価が付いてこない、人手不足が深刻な問題になるほど景気が回復しているのに物価が上がらない、そうした従来型の経済理論では説明が付かなかった現象の背後に何があるかを示唆するものでもありそうだ。

仮定の話ではあるが、あの当時、政府が自身の貨幣価値水準のスポンサーたる立場を承知して、今はデフレ状況の逆転を最優先して律義であることをやめる、財政再建などという旗は降ろすのだ、そうとでも宣言していれば状況は変わった可能性はあったように思う。しかし、そんなことをすれば、今度は貨幣価値の拠り所を失うことから生じる貨幣価値崩壊、いわゆるハイパーインフレの淵に日本は落ちていたかもしれない。それは、自身の判断で律義にも放漫にもなれる政府のような主体が、貨幣価値水準のスポンサーを兼ねることから生じるジレンマを示すものでもある。

経済学では予想外の事象を「ショック」と呼ぶことがあるのでこの言葉を使わせてもらえば、そうしたショックがインフレ方向に現われてきたときには、中央銀行は金利を引き上げ財政は規律回復の方向に舵を切る、それは分かり切った話である。しかし、反対方向つまりデフレ方向のショックが現われてきたとき、とりわけ中央銀行がケインズの流動性の罠にかかって動けなくなっているようなときにショックが生じたらどうするか、それについての合意は存在していない。しかし、合意がないと悩んでいるだけでは仕方があるまい。次章では、何かやれることはないか、今までの発想を変えてでもやれることはないか、それを考えてみることにしたい。

第三章　マイナス金利からヘリマネまで

一　成長の屈折と自然利子率の問題

終わりの予感の中で

世界の経済学者たちの中には、大きな労力と熱意を注ぎ込んで超長期の経済統計を作ってくれた人がいる。二〇一〇年に他界した英国のアンガス・マディソンは、二〇世紀半ばに始まる彼の全研究者生涯を注ぎ込んで、世界中の膨大な文献や遺跡その他の調査に基づき、西暦一年からの地域別人口と経済活動状況に関する推計を行ってきたが、その彼の成果の一部を、一人当たりGDPの変化として簡単なグラフにまとめてみたのが次ページのパネル3−1である。これは、二〇一〇年の拙著『貨幣進化論』以来、何度か使っているものなのだが、大事なことにつながるグラフなので再掲しておこう。

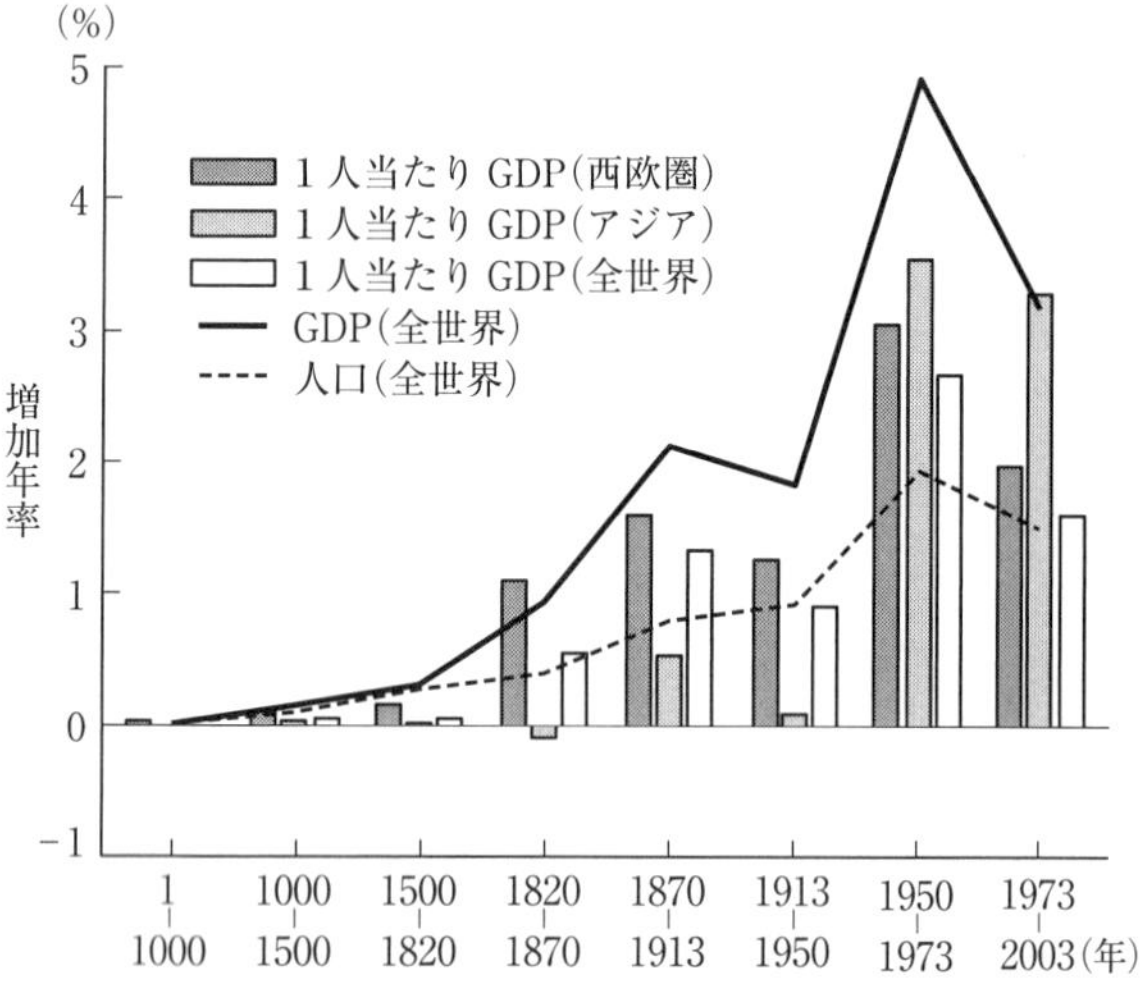

Angus Maddison "Contours of The World Economy, 1-2030AD"(Oxford University Press, 2007)および"The World Economy"(OECD Publishing, 2006)掲載のデータから作成

パネル3-1　1人当たりGDPの長期推移

気付いて欲しいのは、人々の豊かさという意味での経済成長の始まりは、意外なほど新しく、それは一九世紀の前半に西欧圏で起こった事件だったということである。私たちは、一八世紀半ばごろに始まる産業革命という名の一連の技術的イベントの多彩さと影響の大きさを教えられているので、それが経済成長を生み出したと思っていることが多いが、マディソンの仕事が示すものは、一人当たりGDPの増加という意味での経済成長の始まりは産業革命よりも大きく遅れ、その開始は一九世紀の前半まで待たなければならなかったという事実である。なぜ、一九

世紀まで待たなければならなかったか、理由は技術の開発が産業全体の興隆につながるには私的財産権の保証とそれを基盤にした資本市場の成立が不可欠であり、それが西欧圏に普及するには時間がかかったというところにあると私は思っている。だが、ここで議論したいのはそのことではない。

一人当たりの豊かさの増加という意味での経済成長の開始が一九世紀になってからなのだとしたら、一八四四年にイングランド銀行が銀行券の独占発行権を得たことが始まりとされる中央銀行という仕組みは、世界経済の成長の始まりとともに生まれた制度だということになる。私が議論したいのは、そのことが持つ意味についてである。それは、もし私たちが享受してきた世界経済の成長が終わるとしたら、今の中央銀行たちがその終わりの後でも機能し続けることができるかどうか、それは「試されていない」ということにもつながるからである。

ところで、世界経済の成長が終わるということはあるのだろうか。マディソンのデータを見てもその兆候は確かにある。一九世紀初頭から二〇世紀後半までの世界経済を牽引してきた西欧圏(このグラフには“Western Offshore”すなわち米州や大洋州を含めている)の成長は明らかに限界に来ているし日本も同じである。中国経済についての見通しも、人口の高齢化などから長期的には明るいものではない。そして、識者と呼ばれる人たちの間でも、世界経済の成長が終わるかもしれないという予感は徐々に共有されつつあるようだ。

クリントン政権下での財務長官などを含め米国や国際機関の様々な重要ポストを歴任したローレンス・サマーズは、二〇一三年末に、人口増加率の低下や所得分配の非平準化などに起因する需要不足により、多くの先進国で貯蓄投資バランスが崩れ成長を維持するのが困難になっているとして「長期停滞論(Secular Stagnation)」を展開して注目を集めたが、それより先、日銀総裁在任中の白川は、二〇一二年春に日銀が主催した国際コンファランスでの講演で、単なる人口増加率の低下が問題なのではなく、人口動態の変化こそが停滞の根底にあり、それは「諸外国にとっても今後、重要性を増していく」と語っている。その白川の問題提起が大きな流れを作り出せなかったのに対し、サマーズの議論が注目を集めた背景には、彼が米国を代表する有名エコノミストであったというだけでなく、その間の一年半ほどに起こった時代の空気の変化もあったのかもしれない。リーマンショックを機に大規模な金融緩和に転じた米国や欧州でも物価が上がらないという現象が広がるなか、デフレは日銀の金融緩和の不十分が作り出した日本特有の病気ではないらしいという認識が、世界の経済学者や政策担当者たちに浸透してきたのはこの時期だからである。

断っておくと、本当に世界経済の成長が終わるかどうか、それは分からない。長期停滞という予感について言えば、同じようなことが一九三〇年代の大不況の経験から米国で本気で議論されながら、結果的には第二次大戦後のベビーブームや一九世紀末に始まる第二次産業革命の成果により心配が杞憂に終わったということもあったからだ。だが、心配が杞憂に終わるのならそれでよい。今の私たちに必要なのは、今度は杞憂に終わるのではなく、一人当たりＧＤＰの増加という意味での成長が本当に終わってしまうということが起こったとき、金融政策はどうすればよいか、中央銀行はどうなるのか、そこを考えておくことの方である。

この章では、そうした世界経済全般に広がりつつある長期的な停滞現象の中での金融政策の問題について基本に戻って考えてみたい。もし、現在の中央銀行という仕組みの維持に成長が不可欠の条件なのだとすれば、その成長が失われた後では、これまでのような金融政策手段は機能しなくなるかもしれない。あるいは、かつては「掟破り」とか「タブー」のようなものとして片付けられていた政策手段を取り入れなければ、役割の維持が難しくなるかもしれない。それを考えるときの鍵になるのが、前の章の物価水準決定式で分母の割引率として登場した「自然利子率」である。

自然利子率の問題

繰り返しになるが、自然利子率とは現在の豊かさと将来の豊かさを交換するときの交換比率、現在の豊かさで測った将来の豊かさの市場価格である。

では、その自然利子率は何によって決まるだろうか。それは、基本的に「一人当たりＧＤＰ成長率」に対する人々の見方で決まると考えて良い。なぜ、国民経済全体の大きさであるＧＤＰそのものではなく「一人当たり」なのかと言えば、現在と将来の富を交換する市場つまり資本市場に登場するのは、独立した個人であって国家や家族ではないからである。したがって、これは仮想の話であるが、もし財産権が専横的かつ身勝手な独裁者や家族長に帰属する世界を考えれば、その世界での自然利子率は「国家当たりＧＤＰ（つまり普通にいうＧＤＰ）」や「家族当たりＧＤＰ」の大きさに左右されるかもしれない。だが、幸いなことに、現在の世界の多くの国や地域では、法的な財産権の帰属先は個人であり、実質的な財産権の主体も個人もしくは夫婦である。それなら、金融市場の背後にある自然利子率も、そうした個人や夫婦が現在と将来の豊かさをどう見ているか、すなわち「一人当たりＧＤＰの増加率予想」に沿った動きとなるはずである。

ところが、その一人当たりＧＤＰの今後について楽観してはいられない事態が急速に進行している。そこに、中央銀行や金融政策の未来を甘く見ることができないと私が考える理由がある。

今、多くの先進国と呼ばれる国々で生じているのは、白川の議論にもあった人口動態の変化、具体的には総人口に占める生産年齢人口比率の減少である。一人当たりGDPは国内で生み出される富を国内総人口で割って得た答であるが、分子に当たる富の総量を決めるのは総人口ではなく、生産活動に現に従事している人たちの人数である。だから、生産年齢人口比率が低下し続ける国や時代の一人当たりGDPの伸び率は、そうでない国や時代よりも低くならざるを得ないし、就業者一人当たりの生産性が悪化していなくてもマイナスになってしまうことすらあり得る。

もちろん、こうした人口動態の変化だけから一人当たりGDPの伸び率が必ず落ちるとまで悲観する必要はない。たとえば、日本の就労人口は、女性の就業率上昇などにより二〇二〇年代までは小幅ながら増加が続くとの予測もある。ただ、そうした一過性ともいえる動きが過ぎてしまえば、やはり表に出てくるのは生産年齢人口比率の先細りがもたらす一人当たりGDPの伸び率低下だろう。すなわち、日本を含め多くの先進国では、さらに数十年の年月を経て人口動態の変化が止まり、結果として人口ピラミッドの形状が安定するまで、自然利子率には重

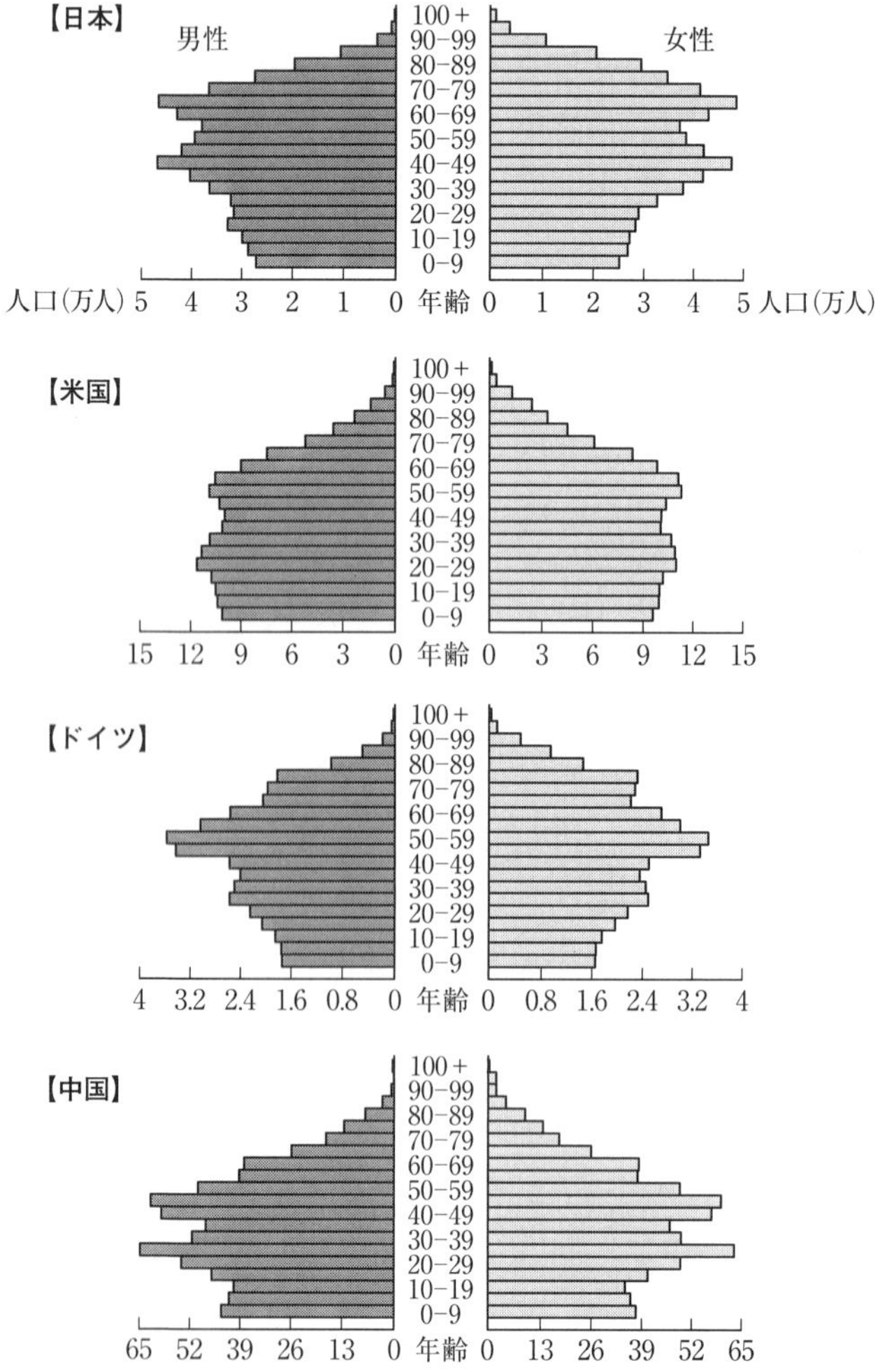

米国センサス局 HP より(https://www.census.gov/data-tools/demo/idb/informationGateway.php)

パネル 3-2　主要国の人口ピラミッド(2015 年)

い下押し圧力がかかり続けることになるわけだ。

念のため、右ページに主要かつ典型的な国々の人口ピラミッドの形状を示しておいた(パネル3-2)。現在よりさらに苦しくなりそうな日本の状況にはため息をつくばかりだが、欧州経済における一強とされるドイツも良くはない。欧米圏でのほぼ唯一の例外は、多数の移民を受け入れてきた米国だが、二〇一七年に就任した大統領が作り出したがっているらしい動きを見ると、この国の状況も変わってしまうかもしれない。そして、二一世紀入り後の世界成長を牽引してきた中国だって、同じ現象が進行し始めるのは時間の問題だろう。それが現代の世界経済の姿なのだ。

さらに、自然利子率は過去の実績によって決まるものではなく、貯蓄とか投資とかに参加する人々が、自分が将来においてどのくらいまで豊かになれると「予測」しているかで決まるものだということにも注意しておいた方が良い。それは、人々が現に起こりつつある変化を見過ごしていれば、長期的な成長条件(正確には「一人当たりGDPの潜在成長率」というべきであろう)が悪化しているのに、自然利子率が低下しないこともあり得るし、反対に見過ごしていた基礎的条件の悪化に気付いた人々の心の動きが不連続的とも言えるほどの変化を作り出してしまう可能性があることをも示唆するからだ。前章では、バブル崩壊後の三年ほどの間で起こった自然利子率の大きな下落について述べ、それが「平成デフレ」をもたらした可能性を議論したわけだが、同じことが再び起こらないとよいと思っているのは私だけではあるまい。

異次元緩和を始めて五年、戦後最長の拡大期間記録を更新した景気と、完全雇用をほぼ達成してしまった経済情勢をみて、なお消費者物価上昇率目標の旗を降ろさない日銀に対し、その本末転倒を批判する声がある。だが、日銀が再び自然利子率が急降下する事態が来ることに備えてそうしているのであれば、それは中央銀行らしい見識という面もある。流動性の罠に怯えなければならない現代の中央銀行にとって、そのリスクを避ける最も基本的な方法は、あらかじめ程々のインフレ期待を定着させておくことだからである。

ただ、期待の動きに賭けることは危うさを孕むものでもある。黒田の前任者である白川は、二〇一三年三月の退任記者会見で「期待に働きかけるということが、言葉で市場を思い通りに動かす政策なのであれば、危うさを感じる」と発言している。黒田のやり方は、単なる言葉で市場を動かそうとしているのではなさそうだが、それでも期待を政策当局が自在に操るのは、第一章で紹介したBEIすなわちインフレ期待の動きが教える通りで、容易なことではない。だとすれば、生産年齢人口比率の低下に悩まされそうな日本に住む私たちが心すべきことは、向き合わねばならない「不都合な真実」(inconvenient truth＝この言葉は地球温暖化対策を訴える米国のゴア元副大統領が使った)を見る努力をすることであり、見ようと思えば見えるような気がする「代替的な事実」(alternative facts＝この言葉は現在の米国大統領の側近が使って、かえって揶揄の対象になったようだ)を見ようと願うことではあるまい。

では、期待に働きかけるのではなく、期待がうまく動いてくれなくてもやれることはあるのだろうか。そこで浮上して来るのがマイナス金利政策である。

二　マイナス金利政策の意味と限界

銀行券という壁

中央銀行が市場の期待を思い通りに動かせないとしても、また、名目金利はゼロ金利の銀行券の存在に阻まれて容易にはマイナスになれないとしても、諦めることはない、あと一押しぐらいはできそうだ、できるなら試みるべきだ、そうした考え方もある。第一章でも紹介したように、ヨーロッパ共通通貨ユーロの発行者である欧州中央銀行ECBは、リーマンショック後も長引く景気停滞を受けて、二〇一四年六月に市中から受け入れる準備預金の金利を〇・〇%からマイナス〇・一%へと引き下げ、続けて同年九月、翌一五年一二月、そして翌々年の一六年三月と三度にわたって追加利下げを行い、その後はマイナス〇・四％という水準を維持している。また、ユーロ非加入国のデンマークやスイスも同じような枠組みの「マイナス金利政策」をＥＣＢよりも早く採用している。これらは、銀行券というゼロ金利資産の存在は制約条件として意識はするものの、要するに「あと一押し」という程度の政策効果を狙ったものなのだろう。

もっとも、そうした制約の中で行われるマイナス金利政策は、いつもうまく行くわけでもないようだ。これは第一章で扱ったので簡単に済ませたいが、二〇一六年一月末の日銀のマイナス金利政策は、その一例だろう。マイナス金利の導入それ自体が、市中の期待を何よりも重視していたはずの日銀の政策意図を裏切ることになったのは気の毒と言うほかはないが、それに気づいた後の日銀の行動の柔軟さは評価されるべきである。マイナス金利導入から約八か月後の同年九月に、日銀は「総括的検証」を公表し、金融市場への混乱的な影響を収拾することに成功しているからだ（29ページ参照）。また、マイナス金利導入直後はその副作用について問われて「金融政策は金融機関のためにやるものではない」などと突き放していた黒田総裁も、翌一七年の秋になると「（銀行の財務悪化で）金融仲介機能が阻害され、かえって金融緩和の効果が反転する可能性がある」と発言するなど、その政策スタンスの柔軟さを演出するようになった。そうした丁寧な説明努力を繰り返していけば、ＥＣＢでできている程度のことが日銀にできないとは思えない。

そして、理論的に言えば、これは多くの経済学者が一致していることだが、マイナス金利は政策として有効なはずである。マイナス金利政策がゼロの限界を超えて名目金利を引き下げることを意味するからには、それがフィッシャー方程式の文脈からも、ＦＴＰＬの文脈からも一定の効果を持つのは明らかだからである。だが、そこで越えなければならないのが、銀行券という名の金融資産が存在する限り、中央銀行はマイナス金利を大きくは「深掘り」することができないという制度的制約、ケインズの流動性の罠の問題である。

話を整理しておこう。中央銀行はゼロ金利の金融資産である銀行券を発行している。そうした資産を世の中に提供しながら、いつでも銀行券に交換できるのが原則の準備預金の金利を大きくマイナスにし、世の中の普通の金融取引の金利をゼロよりも限りなく下方に誘導しようというのは無理な話である。とはいえ、それをわずかでもマイナスにすることができないというわけではない。銀行券は「現物」であり、現物の安全な保管には無視できぬほどのコストがかかるからだ。金利は現金の保管コストに見合う程度にまでなら、マイナス圏内に押し下げることができるはずなのである。

もちろん、現金の保管コストは環境に依存する。一般的に言えば、高額面券が普通に手に入る国や地域では、マイナス金利を嫌ってゼロ金利資産である銀行券へと逃れるという行動は起こりやすそうだ。また、犯罪発生率が低く安心安全が売り物の国や地域では、銀行券を金庫に入れておくことの不安は、そうでない環境にいる人たちのものよりも小さいものとなる。その辺りまで勘定に入れると、欧州の中央銀行であるＥＣＢが比較的短い間隔で準備預金の金利を〇・一％刻みで引き下げ、現在はマイナス〇・四％であるのに対し、日銀は二〇一六年一月にそれをマイナス〇・一％にして以降は動きなしというのも仕方がないだろう。一万円札という高額面券が普通に通用し、また世界に誇る安心安全な国の日本の中央銀行は、ＥＣＢほどにはマイナス金利の「深掘り」には入り込めないはずなのである。

しかし、欧州と日本の差など、しょせんは程度問題である。今の銀行券制度を前提にすれば、マイナス金利政策に乗り越えられない限界があることは欧州にとっても明らかである。そうである以上、さらなるデフレ圧力が経済に生じたときに備えて金融政策の有効性を確保したい、どこに政策効果の実現ルートがあるか理論的に定かでない量的緩和政策のようなものに頼らず、将来の不確実性に備えてより確かな政策手段を用意しておきたいというのは、政策当局者や彼らに近い立場にある研究者たちにとっては共通の問題意識になってくる。要するに、マイナス金利に立ち塞がる「銀行券という壁」をどう突破するか、それが、成長の屈折と自然利子率の大きな低下が現実のものという状況が常態化するにつれ、真剣な政策論議の対象になりつつあるわけだ。どうすればよいだろうか。

現金廃止論を展開する人たち

壁を突破する最も単純な方法は、壁自体をなくしてしまうことである。すなわち、価値保蔵手段として利用価値が高そうな高額面券を廃止してしまうのである。また、それを考える人にとって都合が良いことに、高額面券の廃止論自体は、現金文化に慣れた日本人には意外なほどの速さで、世界に拡散しつつあるようだ。

二〇一六年一一月、インドのナレンドラ・モディ首相は、脱税や麻薬取引の温床になっているとして、千ルピーと五百ルピーの紙幣を廃止すると宣言した。千ルピーを為替レートで換算すると二千円にやや欠ける程度の金額だが、千ルピーと五百ルピーは同国の最高額紙幣であり、日本で言えば一万円札と五千円札が突然に使えなくなるような話だから、それは大騒ぎになる。事実、このモディ首相の決定は全土に大きな混乱を引き起こしたのだが、その一方で歓迎する声も少なくなかったようだ。普段の買い物のためにも一万円札を財布に入れておく生活に慣れた日本人にとっては想像しにくい状況だが、モディ首相の決断、金持ちの不正蓄財を憎む大衆からの支持は大きかったらしい。世界の事情はさまざまというところなのだろう。

高額紙幣廃止の動きは欧米圏にもある。欧州中央銀行ＥＣＢは、ユーロ圏最高額紙幣である五百ユーロ紙幣の発行を二〇一八年末までで終了することを一六年五月に決定した。こちらはインドと異なり、廃止されるのは発行であって通用ではないし、五百ユーロ札は日本円で六万円を超える高額紙幣だから、インドとはかなり話が異なるようだが、そうした動きが欧州で始まっていること自体を見逃すべきではあるまい。ＥＣＢがあげている根拠も武器などの闇取引や脱税への対策だから、説明は似通っていると言っても良い。

また、私が注目しているのは、多くの日本人が「師」と仰ぐ傾向がある欧米の有力経済学者たちの間で、高額紙幣廃止論が広まりつつあることである。長期停滞論のサマーズは、ＥＣＢの五百ユーロ札発行廃止決定の翌日、米国でも百ドル札を廃止すべきという論評をワシントンポスト紙に寄せている。また、ＦＲＢの理事やＩＭＦのチーフエコノミストを務めたこともある米国の有力経済学者ケネス・Ｓ・ロゴフも、二〇一六年著の“The Curse of Cash”の邦訳版『現金の呪い』（日経ＢＰ社・二〇一七年）の原著者序文の中で、わざわざ日本の一万円札に言及しながら高額紙幣廃止論を展開している。ロゴフが日本の一万円札に言及しているのは、日本は銀行券発行高が百兆円、日本人一人当たりでは八十万円にも及び、世界の国々の中でも突出した「現金大国」であることが理由のようだが、それはともかく、彼の議論の特色は、高額紙幣廃止を主張する主たる目的はあくまでも非合法取引対策であるとしながらも、それが「流動性の罠」への対応としても有力であると述べてもいることだろう。金融政策の都合という論理を二の次に回すこの辺りの議論の進め方には、政策と理論のバランスが取れた経済学者との評の高いロゴフらしい政治感覚あるいは下心を感じるところがある。

また、その種のバランス感覚をかなぐり捨てて、明確に金融政策の有効性確保の見地からの高額紙幣廃止を打ち出す有力な論者もいる。イングランド銀行の金融政策委員だったこともあるウィレム・H・ブイターは二〇一七年一一月に日本経済新聞に寄稿し、高額紙幣廃止論を展開したが、そこでは高額紙幣廃止を提唱する理由の第一は金融政策の有効性確保であるとし、犯罪対策は理由の第二であると位置づけている。

ところで、こうした犯罪対策強調型の高額紙幣廃止論の背後にあるのは、いわゆる電子決済は銀行口座などから資金の流れの追跡を行いやすいが、現物である紙幣ではそれが難しいという認識だろう。しかし、これは短絡的理解と思う。紙幣には記番号という英数字が印刷されている。それを使って資金の流れを追跡することは、少なくとも技術的には、難しくないはずだからである。

日本を含め多くの先進国での現金管理は、銀行ATMからスーパーやコンビニのレジ機に至るまで高度に機械化されているから、そうした現金受け払い機でOCRつまり光学文字認識技術を使って記番号を読み取ることは十分に可能なはずだ。現在、それが行われていないのは、そうして紙幣の個別管理をして読み取った記番号データを分析する体制とそれを許す社会的合意が存在しないからに過ぎない。

現金の受け払い機が普及し始めた当時だったら、国中から集まる記番号データを分析して活用するためのシステムを作るのは、理屈の上では可能でも費用対効果という点で引き合わない話だったに違いない。だが、大量のデータを情報ネットワーク経由で集積し分析する技術は、この十年ほどの間に大きな進歩を遂げている。いわゆるビッグデータ分析である。こうした技術を使えば、どのような経路で払い出された銀行券がどのような地域で使われたり還流したりしているか、それについての「傾向」をつかむことは容易だし、それが観察できれば、ビッグデータ分析における関係性の推論やプロファイリングにより、脱税捕捉を含む犯罪対策に役立てることは可能なはずだ。

銀行ATMや自動レジ機の普及率が高くないはずのインドについて議論するのならともかく、

サマーズやロゴフのように幅広い経験を積んだ有力学者が、日本や欧米における犯罪対策の文脈で提案をするのであれば、こうした可能性についてなぜ突っ込んだ検討をしないのか、どうにも不思議に思えることがある。行政や実務の経験豊富な彼らが考えればすぐ気付くはずだ、あえてその議論をしない彼らの本音は別のところにあるか、などと勘繰りたくなるのは私だけではあるまい。

また、彼らの単純ともいえる現金廃止論に対しては、もっと根源的な観点からの問いかけもあることを忘れてはならない。世界的な現金廃止論に勢いをつけた感のあるロゴフの前掲書邦訳版に付されている一橋大学教授の齊藤誠による解説には、「しかし、国家の側に明らかな正義がなければどうであろうか。…中略…第二次大戦中、…中略…紙幣は、闇市場で自由な経済取引を実現する媒体であったのである」として、続けて「世界がpost-truth（本書著者註：人々が客観的な真実についての認識を共有しようとするよりも、自身が属する集団にとって都合の良い真実らしきものが見えていると主張するようになり、そうした集団間の力関係によって、真実や正義についての認識を共有しない集団にも及ぶ政治的な決定が行われてしまう状況のこと）の時代に入って、各国の経済政策に普遍的な正義があるとは必ずしもいえなくなったときに、中央銀行が発行した紙幣や自主的に流通している暗号通貨は、合理性を著しく欠くような規制や統制を強く受けている正規経済に対するアンチテーゼとなり、非正規経済において自由な取引を実現する媒介として重要な役割を果たすのではないだろうか」とある。また、関連して齊藤は、ＥＣＢの五百ユーロ紙幣の発行廃止に対し、ナチスによる統制の記憶があるドイツに反対論が根強かったことに触れ、五年間のシベリア流刑に耐えたドストエフスキーの『死の家の記録』から引いた「紙幣とは、そこに刷り込まれた自由である」という反対論があったとも書いている。米国のサマーズやロゴフはマッカーシーを忘れているが、ドイツの人々はヒットラーを忘れていない、そう齊藤は指摘しているのだろう。

やや余談になるが、いわゆる仮想通貨（米国などでよく使われるのは、「暗号通貨」を意味するcryptocurrencyという分類だが、日本では似たような価値管理的な性格を持つ情報ネットワーク上の仕組みを「仮想通貨」という呼称で一括して法制化しているので、以下ではこの語を用いることにする）について言えば、その先頭ランナーであるビットコインの匿名性が完全なものではないことは拙著『中央銀行が終わる日』（新潮社・二〇一六年）でも解説をしておいたところだが、一部の新しい仮想通貨には「ゼロ知識証明」と呼ばれる対話型の暗号技術を使うなどして匿名性を強化したものも出てきている。現金の匿名性が犯罪に利用されやすいと考える理由は分からないでもないが、だからと言って目障りな「紙の現金」だけを目の敵にしても、それは別の問題を生み出すだけのことである。

マイナス金利論の系譜

話を戻そう。犯罪対策からの高額紙幣廃止論はともかく、考える目的が「流動性の罠」からの脱出であれば、紙幣をやめる必要はなく紙幣自体に金利それもマイナスの金利を付すようにすれば問題は解決できる。紙幣自体について回るマイナス金利が金融政策で操作する名目金利の下限を押し下げてくれるし、そうした紙幣の金利の発生させ方によっては、その金利自体を金融政策の手段に活用することも可能になるからだ。

マイナスの金利を紙幣に付けるというと突飛な議論のようだが、その基本的なアイディアは、ドイツ生まれの社会思想家シルヴィオ・ゲゼルにより、二〇世紀初頭に提示されている。議論の歴史そのものは、意外なほど古いのである。

ゲゼルは、一九一四年初刊の『自然的経済秩序』(英語版"The Natural Economic Order"＝大部な著作だがインターネット上で簡単かつ無料で入手できる、日本語訳も同じである)において、スタンプ付き貨幣という方式を提案している。具体的には、紙幣の保有者に保有期間に応じた枚数のスタンプを購入させ、そのスタンプを貼り付けておかなければ貨幣としての価値が維持できないと定めておくという仕掛けである。たとえば一週間が経過するたびに表示額の千分の一に相当する金額のスタンプが必要であると定めるとすれば、その価値を維持するのに必要なスタンプの総額は一年間(約五十二週)で券面の五・二％になり、これは、現状ではゼロ金利である貨幣の保有に五％強のマイナスの金利を生じさせることに等しいから、流動性の罠の状況はそれだけ起こりにくくなるだろう。

もっとも、ゲゼルがスタンプ付き貨幣を提案した理由は、市場で取引される多くの商品が腐ったり時代遅れになったりして時間の経過とともに劣化して行く中で、貨幣だけが腐りもせず時代遅れにもならずに価値が維持されているということへの問題意識に基づくものであったようだ。だが、実物財は腐ったり時代遅れになったりして価値が劣化するが、貨幣はそうではないという対比は、実物財市場と貨幣市場との間の不均衡への認識の仕方としては単純に過ぎる。実物財は、確かにそのままの状態で保管していれば腐ったり時代遅れになったりするが、単に保管するのでなく企業活動を通じて投資に用いれば価値を増やすことができるからである。彼が問題意識を持つとしたら、そのような実物財市場で成立する利子率つまり自然利子率と、貨幣市場の利子率つまり名目金利との間の不均衡にこそ注目すべきだったということになる。

そのこともあってか、ゲゼルの提案は、一九三〇年代の大不況を経験したケインズが、三六年に世に問うた彼の代表作『一般理論（雇用、利子および貨幣の一般理論）』で、ゲゼルを「不当に無視された予言者」と呼んで相当の紙幅を費やして議論しているにもかかわらず、経済学の主流からは忘れられられてしまう。ゲゼルの著作が経済学者たちの間で再び引用されるようになるのには、クルーグマンが日本で流動性の罠が再来していると指摘し、あるいはサマーズが世界は長期停滞に陥りつつあると警告するまで待たねばならなかったのである。

ところで、ゲゼルのアイディアを現代によみがえらせて流動性の罠からの脱出を図ろうという方法論には多くの変化形がある。

たとえば、米カーネギー・メロン大学教授のマーヴィン・グッドフレンドは、今から二十年近く前の二〇〇〇年に、紙幣に発行日情報を記録した磁気ストライプを貼り付けて流通期間に応じた税を徴収することを提案している。これは、私の知る限り、ゲゼルの議論の現代化における最も早い試みだろう。グッドフレンドは二〇一七年の秋にＦＲＢ理事候補に指名されたが、それを決めた大統領がマイナス金利に関する彼の議論を知っていたかどうかは定かでない。

ちなみに、銀行券に課税することで事実上のマイナス金利を発生させるという議論は、日本では、慶應義塾大学教授（当時・現在は武蔵野大学教授）だった深尾光洋が著書『日本破綻』（講談社）で、現金だけでなく政府が価値を保証している金融資産全般に課税せよという議論として二〇〇一年に提案している。また、私自身は、前掲二〇〇四年の『新しい物価理論』で書いて以来、銀行券に発行日情報を付し、発行者である中央銀行が銀行券の還流時に経過利子分を考慮した価額で受け入れることにすれば、銀行券には発行からの経過時間に応じた「時価」が発生するので、あえて「税」という枠組みによらずに、プラスにもマイナスにもなる貨幣への付利が可能なはずだという議論を続けてきた。私としては、そうして貨幣に生じさせた利子率自体が金融政策手段になり得るということの方に議論の力点があったのだが、残念だったのは、世界で最も流動性の罠に悩んでいたはずの日本ですら、深尾や私の議論が注目されることはほとんどなかったことである。

一方、法律に基づいて中央銀行が発行する通貨いわゆる法定通貨の全部にマイナス金利や時間情報を付すのではなく、法定通貨を二分し、金融取引の基準となって利子計算などに用いる計算単位(これを経済学では「価値尺度」という)としての役割を担う貨幣と、日々の現金取引に使われることを主として担う貨幣(これは「決済手段」と呼ばれる)とに分離し、前者だけにマイナス金利を付してはどうかというアプローチもある。

このアプローチも思いのほか起源は古く、一九三二年にロバート・アイスラーという学者が英国で刊行した“Stable Money”という本にまで遡ることができるのだが(この本は邦訳がないので原書名をそのまま記す）、そのアイスラーの業績は、ケインズが記録しなかったせいだけではないだろうが、最近は現金廃止論者にもなったブイターにより二〇〇五年に再発見されるまで、ほぼ完全に忘れ去られていた。ブイターは、このアイスラーのアイディアを発展させて、紙の現金をいったん回収しマイナス金利賦課が可能な電子マネー型の現金に移行させ、それとは別に日常的な決済手段としての役割を担わせる紙の銀行券を別の通貨単位で新たに発行する、ということを提案している。また、米コロラド大学教授のマイルズ・S・キンボールは、それをより実践的にするという文脈から、現在流通している紙の銀行券とは別に電子化された中央銀行通貨を新たに作り出し、すでに流通している紙の銀行券は課税などの方法により減額して回収するという提案を行っている。

改めて考えてみると、ビットコインのような仮想通貨の普及によって、大きなストレスを感じることなく分散型の貨幣価値交換ネットワークに接することが可能になった現代でマイナス金利を導入するのならば、流通する通貨全体に利子を発生させようとするゲゼル＝グッドフレンド型のアプローチよりも、通貨を価値尺度通貨と決済手段通貨とに二分するアイスラー＝ブイター型のアプローチの方が優勢になりそうである。そんなこともあるので、私も二〇一六年の『中央銀行が終わる日』では、情報ネットワークで共有あるいは認識できる貨幣的な価値を

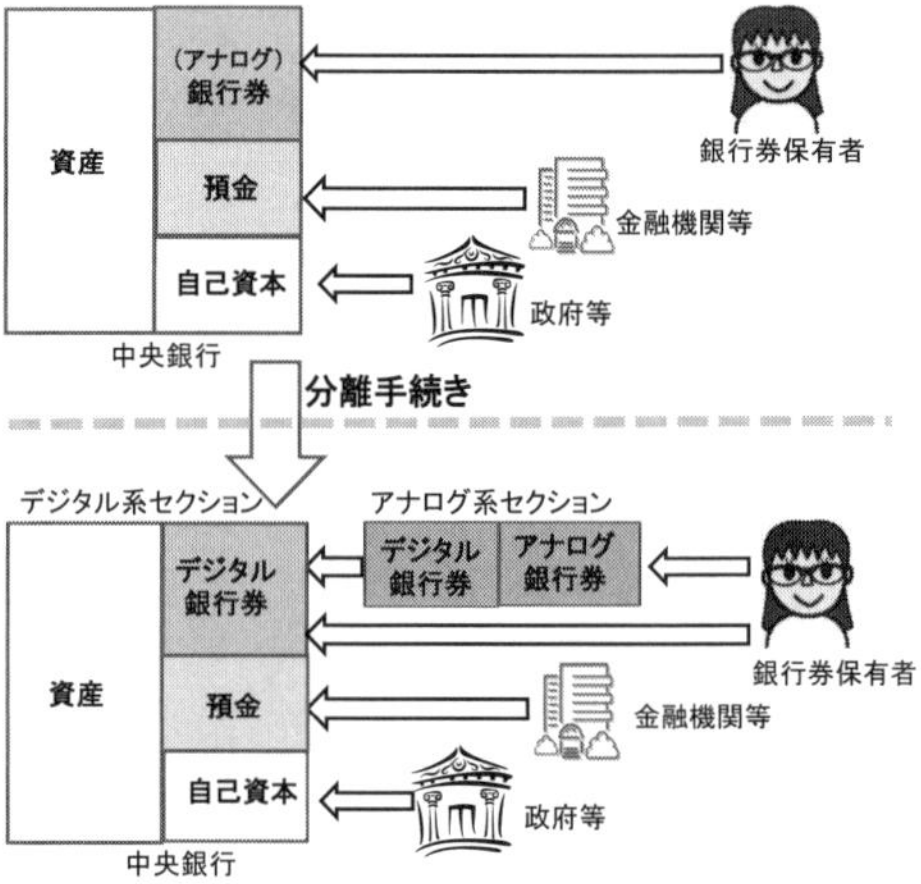

岩村充『中央銀行が終わる日』233ページより

パネル3-3　デジタル円とアナログ円との分離

「デジタル銀行券」とでも呼んで価値尺度通貨として位置付け、紙でできた銀行券は「アナログ銀行券」とでも呼んで、そのデジタル銀行券に対するオープンエンド型投資信託受益証券のようなものとして制度全体を再構築することを提案し、上のパネル3-3のような図を描いているのだが、その説明は長くなるのでここではやめておこう。こうすることの意味（単なる「マイナス金利付き現金」では得られない意味）は、後でもう一度触れるが、それはともかく、現代の情報技術を使えば、こうした方法でケインズの流動性の罠に嵌らないような現金システムを作って金融政策に生かすこと自体は、すでに現実に採用可能な選択肢になりつつあるといえる。

しかし、注意しておきたいことがある。それは、ゲゼル＝グッドフレンド型アプローチによるにせよ、アイスラー＝ブイター型アプローチによるにせよ、あるいはさらに別の方向からのアプローチによるにせよ、現金制度を手直しすることで中央銀行が名目金利をマイナス領域に誘導できるようになりさえすれば、それで現代の金融政策が抱える問題の全てが解決するのかどうかという問題である。ところが、困ったことに、この問いに対して得られる答は、特に日本ではあまり快いものではなくなっている。

金融政策だけではショックを消せない

再び、ＦＴＰＬ、物価水準の財政理論に戻って考えてみよう。ＦＴＰＬの物価水準決定式をもう一度眺めて欲しい。式は次ページのパネル3－4の上部に再掲しておいた。ここで考えたいのは、この式の分母である統合政府債務償還財源Ｓや自然利子率ｒの先行きについて何らかの予想外の事象つまりショックが生じたとき、それをどこまで金融政策で吸収できるか、言い換えれば名目金利ｉの操作でカバーできるかという問題である。そのことを、物価が安定している経済に何らかの原因で自然利子率を低下させてしまうような状況が生じたとき、たとえばバブル崩壊後の日本で起こったような状況が生じたとき、そうしたときを例にとって絵解き的に整理してみることにしたい。それが、次ページのパネルである。

FTPLの物価水準決定式

$$P=\frac{M+B}{S}=\frac{M+\Sigma_{k=1,\infty}\frac{b_k}{(1+i)^k}}{\Sigma_{k=1,\infty}\frac{S_k}{(1+r)^k}}$$

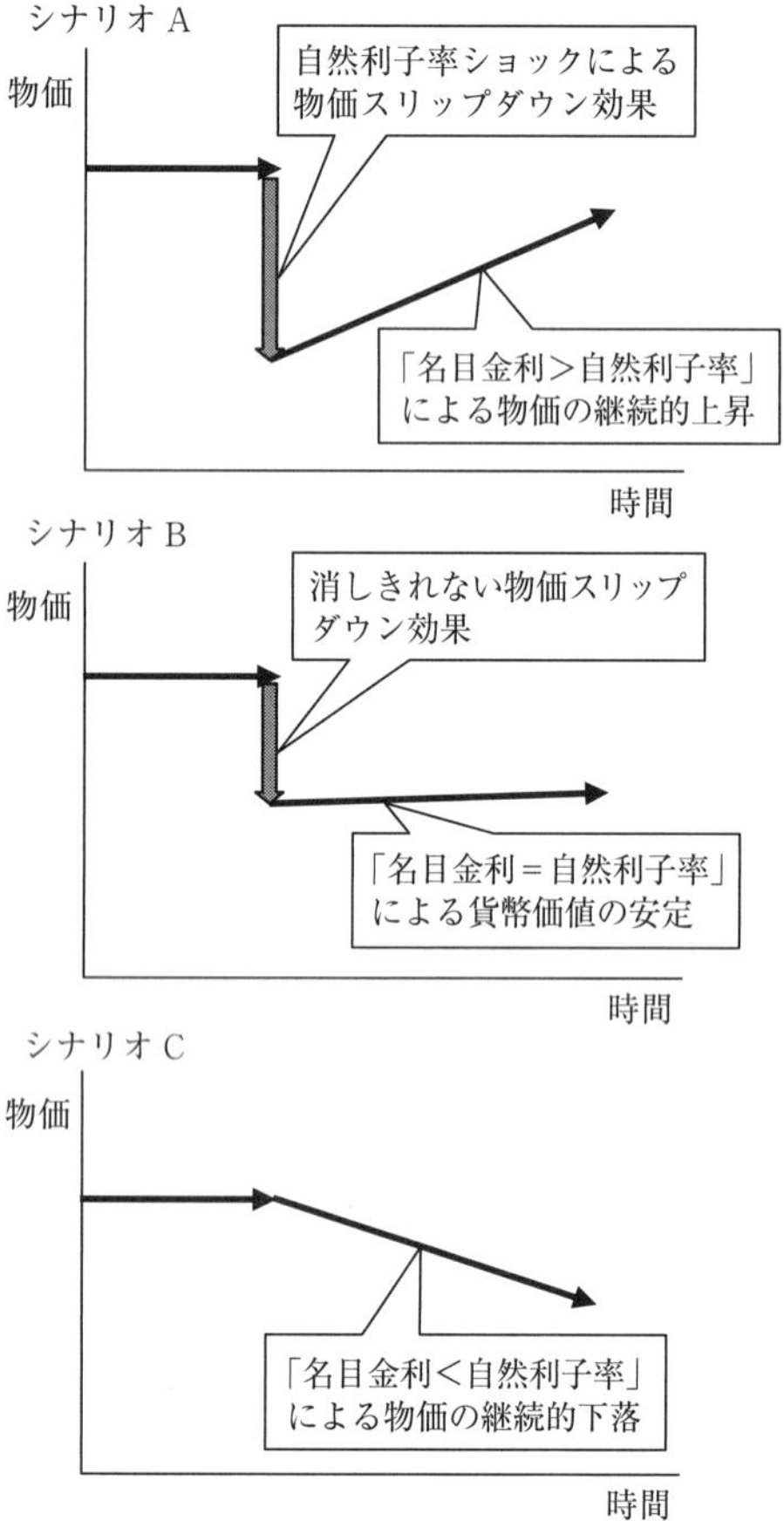

パネル3-4　自然利子率ショックと金融政策

まず、シナリオAである。これは、ショックに対して金融政策がまったく反応しなかったときに起こる筋書きである。この場合、自然利子率の低下は分母を増加させるから、結果として物価水準Pには下方向への圧力が生じる。分母の増加の大きさは72ページの数値例が示すように、比較的わずかな自然利子率の低下でも、それが長く続くと予想されたりすると、これは甘く見ることができないほどのものになる可能性がある。すなわち物価水準を下方に大きくスリップダウンさせるような力が働いてしまうわけだ。もっとも、金融政策がまったく反応しないということは、スリップダウン効果が一巡した後では、名目金利が自然利子率を上回るという状況が生じることを意味するから、そこではフィッシャー方程式が示すような実物財投資市場と貨幣市場との裁定関係が現われるはずで、そうなれば物価には上向きの坂が作り出されることになる。それを模式化したのがこの図である。

では、自然利子率低下のショックに金融政策が対応して、その低下にスライドさせるような緩和策、具体的に言えば、自然利子率と同じ幅の名目金利引き下げを実施したらどうだろうか。それがシナリオBなのだが、困ったことに、これだけではショックを吸収しきれそうもない。その理由は、FTPLの物価水準決定式における分子と分母の「足の長さ」に違いがあるからである。日本を含め多額の国債を抱える国の財政運営では、国債は借り換えを繰り返しながら償還していくのが常識のようだが、それは、分母に展開されている統合政府債務償還財源の現在価値計算の対象期間が、現存する契約で決まっている分子の現在価値計算の対象期間をはるかに超える将来にまで拡がってしまっていることを意味する。しかも、FTPL物価水準決定式の分子には、そもそも名目金利を引き下げても現在価値が変化しないベースマネーMまで入り込んでいる。これでは、自然利子率と同幅の名目金利引き下げでだけで自然利子率低下から生じるスリップダウン効果を消し去るのは無理な相談というものだ。ただ、このように金融政策を運営すれば、ショックが過ぎ去った後では、物価の安定という状態が復元できるはずなのだが、それだけでは世論も政治もクルーグマン先生も満足してくれないことは、日本の「失われた二十年」の経験からも明らかである。

それなら、これは仮定の話であるが、流動性の罠などにかかわりなくゼロ金利の限界を超えて金利をマイナス方向に動かせるような制度さえあれば、金融政策だけの頑張りでスリップダウン効果を消すことはできるのだろうか。実はできるのである。分子全体の低下が分母の低下に見合うよう名目金利をもっと大きく引き下げればよいからだ。ただ、この場合、自然利子率の変化幅を超えて名目金利を大きく下方に動かすことになるので、ショックの後には下向きの「坂」つまり物価水準の下降トレンドが現われてしまう。それがシナリオCである。物価水準のスリップダウンには金融政策だけで対処できたのだが、その結果として、デフレ効果が先延ばしされるという「後遺症」を抱え込んでしまったわけだ。

もちろん、こうしたジレンマ的な状況が現われてしまうということ自体は、中央銀行は物価の「坂」の演出者ではあっても、物価の「水準」のスポンサーではないのだから、まあ当たり前の話である。金融政策とは、しょせんは現在と将来の交換ゲームであり、無から有を生む「魔法の杖」なんかではない、それがFTPLから学べる金融政策の限界である。しかし、そうは言っても、今の日本の財政状況を考えると、ことは米国や欧州以上に深刻と思っておく必要はある。なぜなら、GDPの二倍に達するまでの借金を抱える日本政府は、米国や欧州と比べても遠い将来の財政活動まで動員してそれを支えていると見られているはずであり（政府が借金を支える気がないと見られ出したら、すでにインフレが起こっているはずだ）、したがって、遠い将来までにわたる自然利子率に関する予想の小さな揺らぎに対してすら、金利を大きめに動かさなければ影響を吸収しきれず、しかし、金利を大きく動かせば動かすほど、先延ばしされる後遺症も大きくならざるを得ない、そうした苦しい状況に金融政策が置かれていることになるからである。ことあるごとに財政再建の必要性を口にする黒田日銀総裁に対し、景気回復第一論者からは批判もあるのだと聞くことがあるが、金融政策の責任者である中央銀行総裁が財政健全化の必要を言うのは当然の見識だと私は思う。

ところで、その黒田総裁が主導した異次元緩和にこそ、予見し難いショックへの金融政策の対応力に新たな困難を加える側面があったといえるのは皮肉な話かもしれない。それは異次元

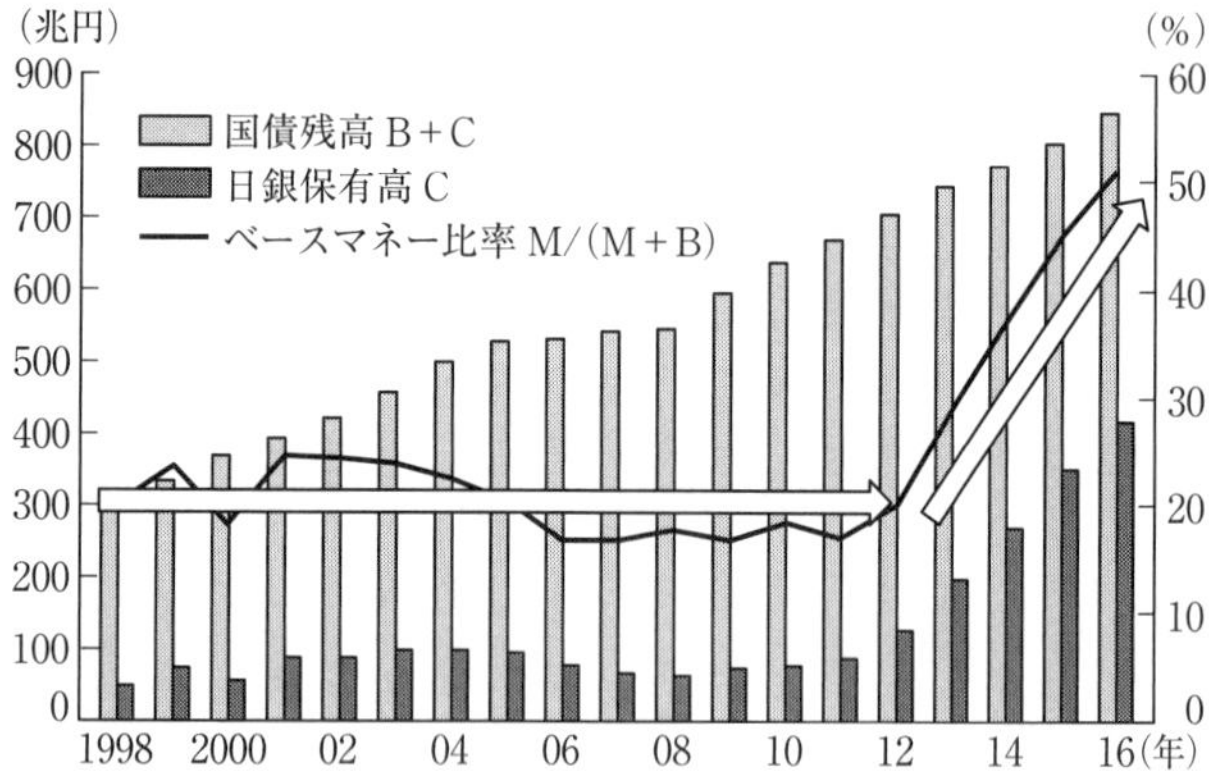

パネル 3-5　物価決定式分子に占めるベースマネー比率

緩和によって生じたベースマネーMの極端なまでの大きさによるものである。FTPL式の分子におけるベースマネーMの比率は上のパネル3-5に示す通り、かつてはほぼ二十%程度で推移していたものが、異次元緩和が始まると同時に急上昇し、四年後の二〇一七年にはついに五十%を超えてしまっている。だが、これが大きくなると、物価水準決定式の分母に何らかのショックが生じたとき、名目金利を非常に大きく動かさないと、分母の変化を分子で吸収しきれなくなってしまう。FTPLの観点から日銀の異次元緩和を評価すれば、現在の均衡物価水準に対しては無害無益と言える程度の影響しか及ぼさないはずなのだが、それが金融政策の将来に与えてしまっている弊害は甘くみられるべきではない。黒田日銀の異次元緩和は、物価水準決定式の分子の構成を変化させることによって、次に向かい合わなければならなくなるかもしれない危機に対し、これまでにはなかった側面から日本を脆弱にしてしまっているのである。

どうしたら良いだろう。何か打てる手はないのだろうか。

三　ヘリマネはタブーか

シムズの提案とターナーの議論

改めてＦＴＰＬの物価水準決定式を眺めてみる(５３ページ)。考えて欲しいのは、この式の分母にある統合政府債務償還財源Ｓという項目の性質である。これは将来の政府の財政行動に対する予想あるいは期待であって現にある事実ではない。だから、こうした将来に対する人々の期待に働きかけることができれば、金融政策による物価の「坂」への働きかけとは切り離して、政府の財政的な決定によって物価の「水準」そのものを動かすことができそうである。それは可能なのだろうか。

量的緩和に「お墨付き」を与える立場にあった浜田内閣官房参与に「目からウロコが落ちた」と言わせたことで日本でも広く知られることになった米国のシムズは(３５ページ)、日本における具体策として、もしインフレ目標の達成を目指すのなら、「目標が達成されるまで、消費増税と財政黒字化目標を凍結する」と宣言したらどうかと提案している。やや単純なFTPL論という感もあるが、要するに統合政府債務償還財源についての人々の予想に働きかけよと言っているわけだ。これは、日本のマスメディアによって「シムズ論」と呼ばれるようになって二〇一六年の暮れあたりからちょっとしたブームになった感もあった。

ただ、残念なことに、このシムズ論でうまい具合にインフレが起こるかどうか、そこにはいささか疑問がある。なぜなら、①目標が達成されたら消費増税等が復活するということを人々が本当に信じるのであれば、シムズの提案で起こることはFTPLの物価水準決定式の分母各項間の等価での入れ替えに過ぎないと考えるはずで、そうであれば目標は最初から達成されないことになり、②一方、人々が政府の言うことを信用しないで、政府の本音は消費増税等を実は踏み倒すつもりなのだと考えれば、その場合に生じるのは歯止めなきインフレではないか、③でも、まさか政府はそれを狙っているはずはないだろう、それなら物価はそもそも上がらないはずだ、などとも思えてきてどうにも思考がグルグル回りしてしまうからだ。

論理学の世界には「私が、「今、私は嘘をついている」と言ったら、そういう私は嘘をついているのだろうか、それとも本当のことを言っているのだろうか、説明せよ」という命題があるが、シムズ先生が言葉で市場を操ろうとする危険を指摘するために、それにも似た議論をしているわけでないとすれば、彼の提案の問題点は明らかだろう。要するに、こうした宣言は、それが人々にどう受け取られるかが予測できないので、その結果として何が起こるかも分からないのである。

もっとも、そうした自己言及における論理の罠(シムズ論で私たちが混乱するのは、二値的に割り切れない「律義な自分」と「無責任な自分」を一つのメッセージの中に含ませてしまっているからである)から離れて、人々にどんなメッセージを発するかではなく、政府や中央銀行が何を行うかに集中して提案を構築する論者もある。

二〇〇八年から五年間、英国金融サービス機構の長官を務めたアデア・ターナーは、彼が二〇一五年に刊行した“Between Debt and the Devil”(翌一六年末に『債務、さもなくば悪魔』として日経BP社から日本語版が出版されている)において展開していた議論をもとに、インフレ目標を達成するためならば、日銀保有国債の消却を定期的に行うことを検討すべきという論考を、これは「シムズ論」が話題になるのに先立つ一六年六月に日本経済新聞に寄せている。

ターナーの言う日銀保有国債の消却とは、日銀が持っている国債の一部をもともと存在しなかったことにして利払いも償還もやめてしまえということなのだが、ここで断っておくと、それをしてもデフレ対策的な効果は限られたものとなるだろうと私は思っている。理由は、日銀保有国債をいくら消却しても、政府から日銀への元利払いが減る分だけ日銀からの国庫納付金が減るはずで、FTPLの観点から全体を整理すれば、ターナー提案とは要するに統合政府内でのやり取りに過ぎず、したがって（そうした会計的処理自体が人々の政府や日銀を見る眼を大きく変化させない限り）、それは物価水準決定式の分母にも分子にも影響を与えるものではないはずだからである。

だが、ターナーの議論は、そうした論理的見落としを超えて、日本の経済政策論壇に衝撃を与えた面がある。それは、彼が、その提案を、いわゆる「ヘリコプターマネー」をタブー視すべきでないという主張に絡ませて、日本で最も影響力のある経済紙の紙上で展開したからである。ちなみに、「ヘリコプターマネー」というのは、第一章の自然失業率の話でも名前を出したフリードマンが、一九六九年に公表した“The Optimum Quantity of Money”と題する論文で持ち出した議論の一つで、具体的には「ヘリコプターからオカネを市民にばら撒いたら何が起こるか考えてみよう」という、主張というよりはクイズに近いものなのだが、ターナーの提案を機に「ヘリコプターマネー」は「ヘリマネ」とも略され、金融政策あるいは異次元緩和の先行きに関心を持つ多くの人たちの真面目な関心事項になった感がある。だから私たちも、ターナー提案をどう見るかとは別に、このヘリマネというアクションの意味について、考え方を整理しておくのは無駄なことではあるまい。

ヘリマネで何が起こるか

さて、フリードマンのヘリマネである。これを行うと何が起こるだろうか。そんなことをすれば、貨幣の世界と実物財の世界のバランスが変化し、きっとインフレが起こるだろう、そんな気がするかもしれない。

だが、それは単純過ぎる理解である。ヘリコプターを操っているのが政府で、その政府がばら撒くオカネを国債の発行で調達したのだとしたら、国債を買った人の財布が薄くなって、ばら撒かれたオカネを拾った人の財布が厚くなるだけのことで、それなら世に流通するオカネの総量は変わらないはずだからだ。すなわち、マネーばら撒きの前と後で比べても人々が持っているオカネの総量は変化しない。増えるのは市中保有の国債の量なのだが、ここで政府が「律義」に将来の償還財源を手当てしながら国債を発行しているとすれば、このタイプのヘリマネとは、新規の国債が市中発行され、それで得られた資金が政府から人々に配分されたのと同じ程度の効果しか持たないはずだ。結論として言えば、このときのヘリマネは単なる所得再分配政策でしかないはずなのである。

しかし、もし政府がばら撒くためのオカネを国債の発行で調達するのでなく、いきなり印刷機を回して刷ってしまったらどうだろう。もちろん、そこに印刷されるのは「日本銀行券」という文字ではない。発行者は日本銀行でなく日本国政府である旨を記載するのだ。いわゆる政府紙幣である。そんなことをして紙幣は通用するのか、その心配はしないでよい。今の日本銀行券が通用する法律上の根拠は、日本銀行法の「法貨として無制限に通用する」(第四十六条)という条文にあるとされているのだから、同じことを政府紙幣について法律に書いてしまえば何とかなりそうだ。また、そこまでしなくても、「政府紙幣は納税に使えます」とさえ決めておけば十分かもしれない。政府紙幣が使われないことが起こるとすれば、そんなことをする日本政府発行の政府紙幣ともども、日本銀行が発行する日銀券も信用されなくなって、日本国内でもドルやユーロでないと買い物もできないという事態に日本がはまり込んでしまうときだけだろう。

むろん、そうしたこともあり得ない話ではない。政情が不安定だったり財政政策や金融政策の運営に失敗したりすると、その国の政府と中央銀行の全体が信用を失い国内ですら米ドルでしか生活できないという事態に陥ることを、通貨のドル化という意味で「ドライゼーション

(dollarization)」と呼ぶことがあるが、この状況やそれに近い状態に国全体が陥ることは決して珍しい話ではない。だから、政府紙幣の刷り方には節度が必要だろう。際限なく政府紙幣を発行するのではない、その位のルールはあることにしておこう。

では、実際にそれを行ったら何が起こるだろうか。起こるのはインフレである。もう少し正確に言えば物価水準に対して、それを一気に上方に跳ね上げるような効果、インフレというよりは、物価のジャンプアップ的な効果となって実現するはずである。FTPLの物価水準決定式の分子が分母とかかわりなく追加されれば、均衡物価水準は不連続に跳ね上がらざるを得ないはずだからだ。

ただ、現われるのがジャンプアップ的な効果でも、それが徐々に「効いてくる」のであれば、実際の物価に生じるのはインフレと実感されるような継続的な物価上昇になる可能性がある。また、それが一気に噴き出し過ぎるようなら、金利を引き上げて効果が徐々に現れるようにする手もある。そうすれば、ヘリマネのジャンプアップ効果を程々のインフレに変えることだってできそうだ。

何を言っているか分かりにくかったら、第二章67ページのパネル2-5に戻ってほしい。改めて考えてみると、ヘリマネの効果というのは、このグラフで「財政基盤への外部性ショック」と書き込んでおいた効果と同じであることに気が付くだろう。両者に違いがあるとすれば、第二章では、それが天災や戦争などによる国の財政基盤の毀損として、FTPLの物価水準決定式分母中のSが「動いてしまったとき」に何が起こるかを考えていたのに対し、ヘリマネというのは物価水準決定式分子中のMを意図的に「動かしてしまう作為」であるに過ぎない。そんなルール違反まがいの作為の結果を「政策効果」扱いするのには抵抗感を持つ向きも少なくないとも思うが、議論の整理のため、そうした気分の問題には目をつぶって、以下ではこうした物価への効果を「ヘリマネ効果」と呼んでおくことにしよう。

注意して欲しいのは、この場合に中央銀行が行うべきことは金利の引き上げつまり金融引締めであって、金利の引き下げつまり金融緩和ではない点なのだが、これもまあ当たり前だろう。FTPLとは「水準」の問題と「坂」の問題を分けて考える理論だという説明を前の章で行ったわけだが、要するに、物価決定における「水準」と「坂」の問題というのは、飛行機に揚力を与えるのはエンジンと主翼の役目で、その揚力により機首が上がり過ぎたり下がり過ぎたりしないようバランスを取るのが尾翼の役目というお話にも似たところがあるといえる。

エンジンと主翼とか尾翼とかというような喩え話はともかく、こうして整理してみるとフリードマンが提起したヘリマネの効果、奇妙奇天烈ではあるがインフレを起こすための離陸補助エンジンのようなものとしては悪くないアイディアのようにも思えてくるのではないだろうか。ＦＴＰＬという観点から整理すれば、その教祖の一人であるシムズは、ＦＴＰＬの物価水準決定式の分母を減らすことによって物価水準を持ち上げようとする提案を最近になって行ったのに対し、ＦＴＰＬなどという理論体系が認められるずっと前から活動していたフリードマンの議論は、ヘリマネというクイズを使って物価水準決定式の分子をいきなり増やすことで物価を上方向へと動かせる可能性を示唆していたことになるからだ。

それに、空中からオカネをばら撒くという露悪的とも取れそうなフリードマンの問題の出し方への好悪を別にすれば、分母を言葉で操作しようとするシムズの提案よりも、分子をいきなり動かしたら何が起こるかと問うフリードマンのアイディアに乗せてもらった方がずっと確実である。ＦＴＰＬの物価水準決定式の分母は人々の予想あるいは期待であり、政府も中央銀行もそれに働きかけることはできても、摑んで動かすことはできない。一方、式の分子は法律あるいは契約の結果なのだから、それを変えてしまえば、物価水準は確実に変化するからだ。もう少し正確には、確実に変化するのではなく、分子の変化に応じて人々の政府や中央銀行を見る眼が変わって分母が分子の動きを完全に相殺するように動いたりしなければ、物価水準には底上げするような一定の力が働くというべきだろうが、その辺りの言い方にはこだわらないことにしたい。いずれにせよ、フリードマンのヘリマネ、奇妙奇天烈なアイディアのようではあるが、同じことをもう少し現実的に実行する方策を考えれば、クルーグマンも心配してくれていたらしい物価期待を最初に持ち上げるための補助エンジンのようなものとしては(20ページ)、なかなか使えそうなのである。

では、そんな奇妙奇天烈な話を真面目に提案する人がいるのかということだが、それもちゃんといるのである。提案が行われた場は、「関税・外国為替等審議会」という政府の審議会の下にある「外国為替等分科会」が設置した「最近の国際金融の動向に関する専門部会」という公式の場(政府の審議会から見れば「孫」みたいな会議体ではあるが公式であることに変わりはあるまい)、ときは二〇〇三年の四月、提案をしているのは、当時米コロンビア大学の教授だったジョセフ・E・スティグリッツである。スティグリッツは二〇〇〇年まで世界銀行の上級副総裁を務め、また、日本を含め世界中の大学で広く使われている経済学の教科書の執筆者であるから、彼の名を知っている読者も少なくあるまい。要するに、米国いや世界における「大物経済学者」の一人である。やや長くなるが、当時のスティグリッツの言い方を国会図書館の記録から紹介しておこう。

「エコノミスト(と)しては大罪かもしれませんが、政府紙幣の発行を提言したいと思います。しかしご理解頂きたいのですが、先に申し上げたとおり、インフレ経済はデフレ経済とは異なります。インフレ経済の場合には、私の切り札である博士号を取り上げて頂いても結構です。私が政府紙幣の発行を提言すると、皆さんは私を見つめ、この男は一体どこで博士号を取得したのかとおっしゃるでしょう。しかし、デフレ経済では、事情は全く逆なのです。少なくとも、議論に値する考え方だと思われます。「政府紙幣の発行を始めれば、ハイパーインフレを招かないか」と質問される方がおられるでしょう…中略…日銀と財務省の適切な政策についての私の観察では、たとえ政府紙幣の発行を始めたとしても印刷機のスピードをただ速めるようなことはしないと確信しています…中略…(政府紙幣を)緩やかに増発すればハイパーインフレを引き起こすことはありません。経済理論によれば、適正なインフレ率が存在し、この水準となるように供給量を調節することができるのです」

どうだろう。この時期に普通の経済学者が同じことを言ったら、確かに博士号ぐらいは取り上げられていたかもしれないが、さすがにスティグリッツである。聞いた側も驚いたかもしれないが、それなりに意味ある提案として受け入れられてはいたようだ。たとえば、この場の出席者の一人は、こう返している。

「ただ、これは非常に大きな議論を呼ぶ点であると思いますし、私自身は、そこまで行く前に日本銀行がもっと大量に国債を購入することによってマネタイズすれば、同じデットサービスコストの節減もできるし、その方がずっとリアリスティックだと思います。しかし、教授の提案は非常にユニークであり、興味深いと思います」

ちなみに、この発言をしているのは、このとき内閣官房参与を務めていた黒田東彦であり、そして一〇年後に日銀総裁になった黒田が選んだのは、スティグリッツの政府紙幣論ではなく、この場で彼が「その方がずっとリアリスティック」と断言していた大量の国債購入すなわち異次元緩和だったわけだが、その結果については繰り返す必要はあるまい。

ところで、このスティグリッツ提案、もう少し変化形がある。この会議の場に出席していた南条俊二読売新聞論説委員(当時)は、「読売新聞が従来から言っているのは、むしろ無利子無記名の国債を発行したらどうかということです……中略……そうすると、おっしゃっていた政府紙幣を増刷するのと同じことでないかと思うのです」と問いかけ、それにスティグリッツは「政府紙幣の発行ができないというのであれば、それに代わる機能を果たす政府債券を発行することです。無利子の永久債は結局紙幣に極めて近い訳です。無利子の永久債を発行すれば、紙幣同様に流通します。これはにせ金ではありません。代替的な紙幣とでも言いましょうか。これによって問題を解決することも出来ます」という具合に、質問者の問いかけを微妙にずらしながら、そこは大先生らしい「お墨付き」を与えている。これはこの通りであろう。ただし、政府紙幣と無利子の永久国債発行が同じに見えるのは、それが出ていくとき、つまり新しく発行されるプロセスにおいてであって、それが戻って来るときには、いささか話が異なる面もあるのだが、それについての整理は後に回したい。理由は、スティグリッツ提案のもう一つの変化形を、今よりはるか前の日本が実際に試したことがあるからである。それが、のちに「高橋財政」と呼ばれるようになった日銀の国債直接引受である。

高橋是清の物語

ときは一九三〇年、世界大恐慌の時代にさかのぼる。状況の説明をすれば、第一次世界大戦に連合国側として参戦し、自国の被害はほとんどないままに一九一八年には戦勝国としての地位を手に入れたはずの日本は、ロシア革命に乗じたシベリア出兵の失敗と一九二三年の関東大震災による打撃などで、当時の一流国の証ともみられていた金本位制への復帰に大きく出遅れ、一九二九年に民政党の浜口雄幸首相の下で大蔵大臣に就任した井上準之助らにより、ようやく

「金解禁」という名で金本位制に復帰できたのが一九三〇年の一月だった。しかし、よく知られていることではあるが、このタイミングは結果からみれば最悪と言うほかはない。金解禁の三か月前の二九年一〇月のウォール街の株価急落で始まった米国バブル景気の暗転は、当初の一過性の株価調整だろうという楽観論をよそに、世界恐慌へと発展してしまったからだ。ちなみに、ウォール街の株価が急落することは、それ以前にも何度か起こっていたことで、それが未曽有の大恐慌に拡大してしまったことについては、バーナンキを含め多くの経済学者が、必然というよりは証券市場のパニックを受けてのＦＲＢの対応のまずさが原因だったと指摘している。そうだとすれば、金解禁に賭けた井上の判断も単純な誤りではなかったことになるが、その話をここで取り上げてもあまり意味はなさそうだ。ここで考えたいのは、この危機に臨んで大きな事績を残した高橋是清という政治家の仕事である。

高橋について多くの説明は必要あるまい。彼ほど多くの歴史書および研究書で取り上げられている日本の財政家はいないからだ。簡単に生涯をなぞっておくと、幕末期の幕府御用絵師の息子として生まれたが、生後まもなく仙台藩の下級藩士の家に養子に入り高橋姓を得る。十三歳にして才能を認められ藩命で一八六七年に米国に渡り、その米国では一通りでない苦労をしたが、翌年つまり明治元年に帰国。帰国後は天才的な洞察力直観力と米国での苦労で身に付けた語学力を生かし、初代の特許局長や日銀総裁などを歴任の後、政界に転じて一九二一年に首相まで務めた大政治家である。その高橋は、戦間期世界経済の最大の危機とも言える大不況下で倒れた民政党内閣に代わって組閣した政友会の犬養毅に請われ、一九三一年末に大蔵大臣に就任。二年前に再開したばかりの金兌換を世界の主要国に先駆けて停止し、日銀による国債直接引受を軸とした一連の財政拡張政策を展開したが、それを収拾していく過程で陸軍皇道派将校たちの恨みを買い、一九三六年の「二・二六事件」で襲撃を受けて死去、とここまでは多くの歴史書にある通りである。愛嬌のある丸顔で親しまれ、付いた綽名が「達磨さん」だったとも記録にある。

さて、高橋財政については良く知られている通り様々な評価がある。財政支出を貨幣発行でファイナンスして世界恐慌に巻き込まれた日本経済の危機を救ったと持ち上げられるかと思えば、第二次大戦後の超インフレの原因を作ったベースマネー拡大の端緒を作ったと批判される始末である。しかし、高橋財政の当事者たちの発言や実施した政策を点検すると、そのどちらの評価も彼らの意図や事実関係とは距離のあるものであることに気付く。高橋財政時の日銀副総裁そして総裁として高橋を補佐した深井英五は、一九三六年一一月の京都大学での講演で、「(国債の)募集は全く不可能でもないが、頗る困難でありました。此に於て日本銀行が國債を引受ければ、政府は必要なる資金を樂に調達することが出来ますするし、政府が之を使用し、撒布するに随ひ、通貨の發行が増加して金融の逼塞も解ける」と説明し、日銀の国債直接引受は金融市場の機能が回復するまでの緊急避難のようなものであったことを強調しているし、実際に高橋財政下の日銀は深井の説明通り引き受けた国債の九割を市中に売却している。

財政支出を貨幣発行で支えることを、「国債のマネタイズ」とか「財政赤字のマネタリーファイナンス」などということがあるが、少なくとも当時の「チーム高橋」の意図のなかには、国債を非可逆的にマネタイズする狙いはなかったと思われる。前掲のターナーの著書『債務、さもなくば悪魔』を含め、海外では、高橋財政を成功したマネタリーファイナンスの嚆矢として高く評価する声が少なくないのだが、泉下の高橋が聞いたら苦笑いするかもしれない。

ところで、私は歴史家ではないので高橋が何を狙っていたかについての議論には深入りしないことにしたい。確認しておきたいことは、その高橋財政が当時の物価にどう影響したかである。この点については図解したグラフがあるので、左ページにパネル3-6として掲げておこう。どうだろう、高橋財政に先立つ井上財政の時代に下落を続けてきた物価は、高橋財政により見事に下げ止まっている。もちろん、この背景には金本位制への執着を捨てることで物価への重荷が取り払われたことが大きいはずだが、国債の日銀引受がフリードマンのヘリマネ的な

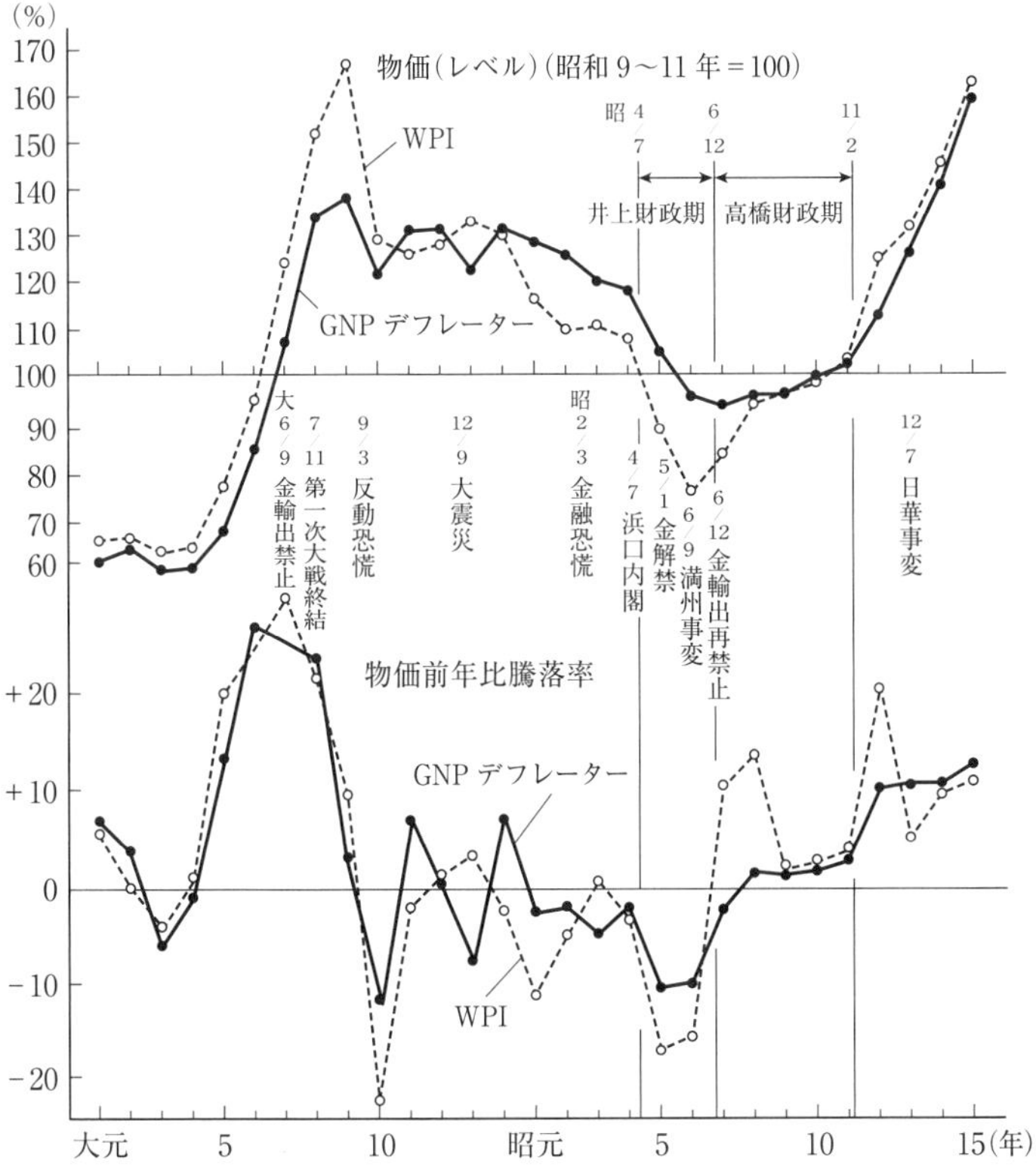

島謹三「いわゆる「高橋財政」について」(日本銀行金融研究所『金融研究』第2巻第2号・1983年)より部分転写

パネル3-6　高橋財政の効果

効果を発揮したとみることもできそうだ。なぜなら、次に説明するように、政府紙幣の発行と国債の日銀引受とは、少なくともそれが実施されたときの直接的効果からみれば、ほとんど同じはずだからである。

ただ、そのことは現在の私たちが、高橋財政における中央銀行の国債直接引受という「形」さえ学べばよいということと同じではない。

見えるヘリマネと見えないヘリマネ

これは日本銀行の金融研究所長から京都大学教授（当時・現在は法政大学教授）に転じた翁邦雄が、著書『ポスト・マネタリズムの金融政策』（日本経済新聞出版社・二〇一一年）の中で、財務総合政策研究所特別研究官を務めていた大久保和正による二〇〇四年の議論を引きつつ書いていることだが、もし政府紙幣を発行するのなら、それを一万円札や千円札として刷って、政府の出納管理者が慣れぬ手つきでお札を数えながら公務員給与や公共工事代金などの支払いに充てるよりも、刷った政府紙幣は中央銀行に引き渡して個別の支払いは中央銀行と民間銀行をつなぐ決済システムに任せ、政府と中央銀行との間は政府が持つ中央銀行預金口座を通じての資金授受にしてしまった方が簡単だし、それなら政府紙幣という「お札」の額面も、（どうせそのままでは一般に通用させないのだから）一億円札とか百億円札という「超高額面券」で構わないことになりそうだ。そうだったら、この場合の政府紙幣とは要するに「無利子の永久国債」と変わらないし、刷った政府紙幣を中央銀行に引き渡すというのは、結局のところ日銀の国債直接引受と同じことになる。要するに、政府が自分で印刷機を回して紙幣を刷る代わりに、紙幣を刷るのは中央銀行の仕事のままにしておいて、自分は「無利子の永久国債」を刷って中央銀行に引き受けてもらい、代わりに手に入った銀行券を鞄に詰めてヘリコプターで飛び立つわけだ。冷静に考えてみれば、その方がずっと現実的だし、それで十分にヘリマネ効果は得られるはずである。

だが、ヘリマネ効果が得られるかどうかではなく、ヘリマネ効果が政府あるいは中央銀行の意図を超えて暴走し始めたとき何ができるかを考えたらどうだろう。

翁は、この点に関し、同書で「政府紙幣にかかわるもうひとつの問題は、政府紙幣の増発によりインフレが高進した場合には、中央銀行の金融政策でこれを食い止めるのはきわめて難しい…中略…政府紙幣は通常の国債と違い、売却して資金吸収に充てることが原理的にできない。そこで、中央銀行は売出手形など、有利子の負債を発行して、資金を吸収することになる。…中略…中央銀行が資金吸収を強化すればするほど、中央銀行の赤字は大きくなる」としたうえで「政府にとって政府紙幣増発が痛みを伴わないのと対照的に、これを相殺しようとする中央銀行のオペレーションは中央銀行の財務基盤を破壊することになる」と書いているが、この指摘は政府紙幣の代わりに「無利子の永久国債」を日銀が引き受けた場合にも当てはまる。なぜなら、無利子の永久国債は、いくら持っていても一円どころか一銭の元利金も保有者にもたらしてくれない価値ゼロの金融資産であり、したがってそれを売却しても回収できるマネーはゼロ、つまり資金吸収に充てることができない紙屑のような証券に過ぎないからだ（そんな国債を日銀がいくらで引き受けるか自体がそもそも解けないクイズなのだが、そのことはここでは議論しないことにしよう）。政府紙幣を売却することは翁が指摘する通り原理的にできないのだが、日銀が引き受けた無利子永久国債売却の場合はベースマネーの回収額はゼロで、こちらは原理的に可能だが得られる結果は無意味でしかない。さて、どうすればよいだろうか。

一つの解決は、中央銀行が引き受ける国債の法的性格を工夫して、それが中央銀行の金庫の中にある間はスティグリッツの言うとおりの「無利子の永久国債」であったとしても、それが売却された後では、売却前の「無利子」あるいは「永久」という性質が「有利子」あるいは「期限付き」に変化するようにしておくよう決めておくことである。このどちらかの性質が変わってくれれば、中央銀行は金庫の中の国債を事情に応じて「売りオペ」つまり中央銀行保有

A）　政府は，市場金利連動型の変動利付永久国債を日銀引受により発行する．

B）　この国債の利払いは日銀保有期間中は行われない．

C）　日銀は，政府と協議することなく，この国債を市場に売却することができる（売却以降は市場金利に連動した利払いが保有者に行われる）．

D）　政府は，この国債の日銀保有分について何時でも額面で償還することができる（日銀以外の保有分については市場価格で買い入れ消却できる）．

E）　政府は，既発行の固定利付国債を，保有者の同意を条件として，当該国債の時価を額面とする変動利付永久国債に転換することができる．

パネル 3-7　変動金利永久国債の日銀引受プランの概要

証券の市場売却に充て、大規模量的緩和の出口に備えることができる。工夫の仕方はさまざまに可能なのだが、その例を上のパネル3―7に示しておこう。これは、二〇一七年の三月に以前から懇意にさせて頂いていたウェブサイト上で公開し、五月には毎日新聞出版の『週刊エコノミスト』誌にも掲載頂いたプランなのだが、重要なのは細部ではない。詳細や背景に関心があれば「停止条件付変動金利永久国債の日銀引受について」をインターネットで検索してほしい。私が強調しておきたかったことは、準備をしておくことの重要性であり、それは異次元緩和の出口を日銀が語ることを拒否していることのリスクを、多少とも軽くしてくれるはずと考えたからである。

日本経済新聞がターナーのヘリマネ論を掲載し

た翌日、池尾和人慶應義塾大学教授（当時・現在は立正大学教授）は、同紙に寄稿して、「政策の効果を決めるのは、現在のベースマネーの残高ではなく、これから将来にかけてベースマネー残高がどのように増減していくかについての人々の予想である」と指摘し、続けて「ベースマネーの増加が一時的だとみなされればヘリコプターマネー政策が成立しないのとは反対に、現在のベースマネーの膨張が恒久的なものだと信じられるようになると、現行の政策はヘリコプターマネー政策に転じることになる」と結んでいる。池尾が書いていることは、中央銀行による国債の購入や国債を見合いにしたベースマネー供給がヘリマネ効果を持つかどうかは、その国債がどのような経緯で中央銀行の金庫に収まったかではなく、そのような状態がいつまで続くかについての人々の予想に依存するということであるが、鋭い指摘であると同時に日銀の今に対する厳しい警告でもある。彼の指摘の意味するところは、今の日銀を見る人々が、日銀は出口を語らないのではなく、実は語ることができないのだと思うようになったら、異次元緩和で大膨張させた五百兆円のベースマネーは、その瞬間に一気にヘリマネとしての効果を持ち始めるということだって起こり得るということだからである。

改めて考えてみれば当たり前のことだが、フリードマンが提起したのは「ヘリコプターからオカネをばら撒いたら何が起こるか」という設問だけなのだから、それ以外の方法で同じ効果が得られないということではない。いや、場合によっては、オカネをばら撒くというような意図はなく、もちろんそうした「形」をとらなくても、同じことができるし同じことが起こり得る。池尾は、ヘリマネには、それらしく見えるヘリマネと、そうは見えないヘリマネとがあると指摘しているわけだが、そこに気付けば、今の日本の私たちにとって必要なことは、政府紙幣の発行とか日銀の国債直接引受のような「見えるヘリマネ」の是非を声高に論じることよりも、すでに大量に供給されてしまったベースマネーについて人々の見方に変化が生じ、いわば「見えないヘリマネ」が始まってしまったときどうするかを考えておくことであることに気付くだろう。前掲のパネル3-7は、そうしたときに備えるための思考実験の一例でもある。

良いが悪いに、悪いが良いに

この章では、今まで必ずしも正統的とはみなされなかった金融政策手段、具体的にはマイナス金利とヘリマネについて、それをFTPLという鏡に映すことにより、その意義と問題点を考えてきた。ちなみに金利政策によらない金融政策手段、具体的にはベースマネーの量的調整を軸にする金融政策を「非伝統的金融政策」というのだそうだが、ここで考えたのは「非伝統的」どころか「非正統的」あるいは「異端的」な金融政策手段についてである。ただ、マイナス金利もヘリマネも非正統的あるいは異端的であっても、非論理的ではない。いや、論理的には十分あり得るから、それは非正統であり異端であるとされ、ときに嫌悪の対象となるのだろう。そして、これはスティグリッツが「デフレ経済では、事情は全く逆」という表現で指摘していることだが(119ページ)、成長する経済を前提にして動員可能な政策メニューを考えるのと、縮小する経済を前提にして同じことを考えるのでは、何が正統で何が異端かの基準も逆さまになってしまう。今までの良いが悪いになり、悪いが良いになる、そういうことが起こり得るのである。

成長経済では金融政策の主たる役割はインフレと戦うことにあったが、縮小経済では戦うべき相手はデフレになる。成長経済では金利はプラスが当然だが、縮小経済では金利がマイナスになれた方が良い。今の日本そして世界の問題は、自然利子率がマイナスになりかねない状況にもかかわらず、名目金利をマイナスにできるだけの制度的環境が整っていないことによる面がある。中央銀行による通貨供給方式についても、成長経済ではタブーだったはずのヘリマネを掟破りだとは片づけられない、そうした事態が普通に生じるようになるかもしれないのだ。

もちろん、停滞経済と縮小経済とは違う。私は、全人口に占める生産年齢人口の比率減少が引き起こした自然利子率の低下が、日本そして世界で定着しつつある「長期停滞」現象の背景にあると思っているが、生産年齢人口比率の「減少」が止まり、低いながらもその「比率」が安定すれば、自然利子率は基本的には技術進歩と資本蓄積の動きに従って変化するようになるとも思っている。人口動態の変化によって成長が促進される現象を「人口ボーナス」、その反対の減少を「人口オーナス」ということがあるが、生産年齢人口比率の減少が止まりさえすれば、高度成長期の日本が享受していたような人口ボーナスは得られなくても、人口オーリスに苦しめられることはなくなる。そうなれば、金融政策の最も基礎的な外部環境である自然利子率だって、低いながらも程々の水準で安定し、中央銀行や金融政策の姿も私たちが「正常」と思っている姿に戻れるかもしれない。

だが、それには長い時間がかかる。それまでの間、金融政策を有効にしておくためには、今まではタブーとされた政策手段、具体的にはマイナス金利やヘリマネのような政策手段を、いつでも実行可能な政策手段とできるような環境を準備しておいた方が良い。そして、そこで重要なのは状況に応じて速やかに進むこともでき、また退くことも可能な方式として、それらを準備しておくことだろう。

マイナス金利を可能とするのであっても、法律で現金に課税したり通用を制限したりするのではなく、現金を改めて金融資産として位置付け、金融資産である現金に利子を付ける方法論を考え、どうせ利子を付ける方法を考えるのなら、それをマイナスにでもプラスにでも選択できるような仕組みを作り出した方が良いと提案したのは(102ページ)、そのことを意識したからである。

また、ヘリマネについて言えば、それから退く必要が生じたときの「速やかさ」の確保は、それをタブーとしないのならば、決定的に重要である。FTPLの物価水準決定式の分子であるベースマネー量を直接的に操作しようとするスティグリッツ提案と、分子ではなく分母に働きかけようとするシムズ論とでは程度の差があるが、ヘリマネ効果が人々の期待に左右される面があることは間違いない。だから、人々の期待が政府あるいは中央銀行の意図を超えて暴走し始めたとき、ばら撒いたマネーを回収できるような手段を用意することは何よりも重要なことではないだろうか。

やや余談ではあるが、ヘリマネの領域に踏み込むなら退路の確保が必要であるという認識は、あの高橋是清の事績を辿っても浮かび上がってくる。一九三一年一二月に大蔵大臣に迎えられた彼が、国債の日銀引受に踏み切ると議会で表明したのは、翌三二年の六月、実際に引受が行われたのは同年一一月になってからである。この間、高橋たちが必死で行っていたのは、日銀保有国債の売却に関する民間銀行などへの根回しであったことは、いくつかの文献で明らかになっている。当時の高橋が、自分がやろうとしていることが後にヘリマネと分類される異端の政策の一種になる、あるいはなりかねないとまで意識していたかどうかは別にして、今の日本が見習うべきと思うのは、この高橋の慎重さあるいは周到さである。高橋は大胆な財政金融政策を行った財政家として記憶されていることが多いが、彼の真骨頂は、大胆の方ではなく、その裏にある慎重と周到の方ではないだろうか。それが確保されるのならヘリマネはタブーではない、私はそう考えている。

ところで、ヘリマネのような政策手段を視野に入れるということは、政府と中央銀行との関係を考えるについても、過去にとらわれない見直しを私たちに迫るものである。FTPLでは統合政府という概念をしばしば使うが、この統合政府という視座から眺めると、ヘリマネも異常な政策手段とは見えなくなることは説明した通りなのだが、そのときには異次元緩和の出口における日銀の財務リスクについての見方も変わってくるはずだ。

異次元緩和の出口が日銀にとっては財務リスクになるというのは、金利がゼロあるいはマイナス圏内からプラス方向へと上昇したとき、固定金利国債を大量に保有している日銀自身に生じる財務損失のことなのだが、それは、国債の発行者である政府において、(現実の会計処理をどうするかを別にすれば)日銀の損失を上回る「負債評価益」が生じていることと表裏のものである。つまり、緩和の出口における統合政府は、実は儲かっているのであり、日銀の財務リスク問題というのは、金融政策に関する意思決定が政府と「同じ考え方を有する」(本書冒頭で紹介した二〇一三年二月の安倍首相答弁から)日銀総裁の主導で行われるようになっていながら、その実態に見合う制度的条件が整っていないことから生じる制度設計上の不備に過ぎないともいえるわけだ。

もちろん、制度を軽く見てはいけない。たとえば、異次元緩和の出口で日銀に大きな損失が発生したとき、それを政府による資本注入のような「形」で解決しようとすれば、その是非はいつ果てるかも分からぬ政治責任論争に発展する可能性が高い。しかし、日銀が保有する国債をあらかじめ変動利付債に転換するとか、日銀の金庫から出て行くときに変動利付となるよう準備しておけば、出口はずっとスムーズになる。それは、ますます不確実性を増す世界の中の日本、そして経済大国であることをやめて普通の国になりつつある日本にとって、整えておくべき制度的準備だと私は思っている。

では、そうした準備を終えたあと、政府と中央銀行との関係はどうなるのだろうか。これは一九九七年の日銀法改正により長い間の念願であった「独立性」を手に入れた日銀にとっては残念ながらというべき事態かもしれないが、金融政策と財政政策あるいは国債管理政策との区別はなくなり、政府の財務部門と中央銀行の一体化は事実上も制度上も進むことになるだろうと私は思う。ただ、そのことは組織としての中央銀行のあり方の問題で、国民全体にとっての問題ではない。

それが、国民にとっての問題になるときが来るとすれば、政府と日銀との関係の変化が、人々が日本の通貨を見る「眼」を変えてしまったときである。現在の中央銀行が発行する通貨は、金融政策の道具になるだけでなく、人々の日々の取引や貯蓄あるいは投資などの行動の基準になる価値尺度つまり物差しとしての機能を果たしている。だが、国民経済に価値尺度を提供している通貨の管理者が政府と一体化し、かつ、その政府が資本市場で圧倒的な存在感を持つ資金調達者として自分本位に行動するだろうと思われるようになってしまったら、そうした統合政府が提供する通貨の価値尺度性を人々が認め続けるかどうか、それは分からないのではないだろうか。

次章では、私たちが今までは当然と思っていた通貨制度と金融政策に未来があるのか、あるとすればどんな未来があるのか、それを考えることにしたい。

第四章　金融政策に未来はあるか

一　貨幣の最適供給問題

フリードマンルール

金融政策に未来はあるか。あるとすれば、どんな未来か。それを考えようとする研究者を悩ませ続けてきた宿題がある。出題したのは、あのフリードマン、それが書かれているのはヘリマネと同じく一九六九年の“The Optimum Quantity of Money”なのだが、この議論、前章で扱ったヘリマネ論と比べても一段と厄介な問題提起だったといえる。

なぜ厄介だったのか、それは、彼が提起したのが、「貨幣だって決済という経済活動を担う財の一種だろう、それなら、貨幣を供給する中央銀行が貨幣を欲しいという人から受け取る貨幣供給の対価も、他の市場取引される財と同じく、貨幣という名の財を作り出すのに必要な限界費用を基準とした価格で供給されるべきではないか」という問いかけだったからである。同じ論文で持ち出されているヘリマネ論の方は、それに反論するにしても乗っかるにしても、普通の経済政策論で扱う余地があるし、それだけに熱い議論も可能だったのだが、こちらの限界費用論の方は中央銀行という制度そのものへの疑義にもつながるので、真面目な学者たちを困らせ続けたのである。どうしてそうなのか、簡単に説明しておこう。

大学の経済学部に入学すると、まず教え込まれるのが「限界費用」という考え方である。限界費用とは、市場で取引されている財と同種同等のものを追加的に一単位生産するのに投入を要する費用のことで、たとえば、食パン一斤を追加的に製造するのに必要な小麦粉がいくらで、パン焼き釜の燃料費はどれほど、さらにパン職人の手間賃はこのぐらい、というような具合に積み上げていった費用、これが限界費用である。

経済学者が限界費用という考え方を重視する背景には、その財が自由に製造されて取引される限り、市場での取引価格が限界費用を上回れば生産が増加し下回れば減少して、結局は市場価格と限界費用とが一致するだろうという見通しと、そうすることで市場は人々の経済活動レベルが世の中の富を最大限にすることになるよう資源間配分を調整する役割を果たすという、これは信念あるいは価値判断のようなものがある。自由な市場は取引価格と限界費用とを一致させる性質がある、そして自由な市場こそ世にある資源を最も有効に活用し社会の豊かさを最大にするシステムなのだと考えるのが、大学で教えられる経済学の全体を支える理念のようなものである。そうした自由な市場で形成される価格は、それを望ましいこととする価値観をも込めて「限界費用価格」と呼ばれたりする。

この辺りは、教科書的な経済学の論理構成であり、それだけに、少なくとも議論を経済学の地平にとどめる限り、反論あるいは疑問の余地は大きくない。経済学者たちのコンセンリスのようなものと言っても良さそうだ。

では、貨幣についてはどう考えたらよいだろうか。中央銀行制度の下では、貨幣は自由競争により供給される商品ではない。だが、貨幣の発行独占の下でも社会の豊かさを最大にしたいのであれば、貨幣もまた限界費用価格をもって供給されるべきであろう。それは公共的な使命を付託された中央銀行の当然の責務であるはずだ。

どうだろう。ここまでも、喜んで、あるいは仕方なくて、そこは様々だとしても、経済学を学んだ者として肯かざるを得ない論理展開である。だが、さらにたたみ込まれて、銀行券供給の機会費用はいかほどかと問われたら、そろそろフリードマンの誘導尋問の怖さに気が付かないだろうか。

日本の最高額面券にして日銀券発行残高の大半を占める一万円札の製造費用は、それを作っている国立印刷局の業務資料などから概算すると、およそ十五円程度だろうと推定できる。だから、仮に一万円札が三年間ほど市中で使われて日銀に戻って来て新品の一万円札に交換されるとすれば、銀行券供給者たる日銀は、一万円分の十五円を三年で割って年に〇・〇五％ほどの金利さえ頂ければ費用を回収できることになる。また、銀行券ではなくデジタルデータつまりは準備預金などのかたちでベースマネーを供給するのであれば、貨幣を作り出すための追加的コストは無いに等しいと言っても良かろう。こうして計算すれば中央銀行が市中に資金供給を行うときの対価、つまり金利ゼロの銀行券に上乗せする金利は、限りなくゼロに近くて十分ということになる。言い換えれば、中央銀行が、金融政策という名分で、彼らが貨幣を供給するときに適用する金利を、銀行券の金利である「ゼロ」から大きく乖離した何パーセントもの水準に誘導するのは、限界費用価格という原理に反する、中央銀行は金利操作を金融政策の手段にすべきではないということになってしまうわけだ。これがフリードマンの誘導尋問である。さて中央銀行たち、どう答えたらよいだろうか。

実は、この誘導尋問、学界では「フリードマンルール」とも呼ばれ、彼の持ち出した問題の重さに気が付く理論派経済学者の頭を悩ませる一方、大きな声で教壇から語られることなく、ほぼ半世紀が経過ということになっている。理由は、この宿題に本気で答えようとすると、名目金利をゼロで固定して貨幣供給量を限りなく増大させ、成長経済ではデフレ定着となるようにする(縮小経済ではインフレ定着となるようにする)、それが社会を最も豊かにする政策すなわち最適貨幣供給政策だということになって、中央銀行総裁どころか、教壇で金融政策論を説く学者たちまでも全員失業ということになりかねないからだ(文中の「成長経済ではデフレ定着」ということになる理由が分からなかったら、12ページのフィッシャー方程式に戻って、左辺の名目金利にゼロ、自然利子率にプラスの値を入れてみると良い、なぜかは直ぐに分かるはずだ)。

こうしてみると、さすがフリードマン先生、何とも困った宿題を持ち出してくれたものだが、それを全員(正確には、ほぼ全員)で黙殺して、誰も答えないという作戦で対応した経済学者たちも相当のものである。これでは殺人事件が起こった列車に乗り合わせた乗客の全員が犯人だったという『オリエント急行殺人事件』のようなもので、学者たちの反応は『フリードマン黙殺事件』とでも呼びたくなるところだ。この辺り、経済学は果たして科学なのだろうかという声すらも上がりそうだが、まあそれは勘弁してほしい。なぜなら、第三章のマイナス金利のストーリーを注意深くお読みいただいた読者には、フリードマンの誘導尋問にどう答えればよいか、それも見通せているはずだからである。お気付きだろうか。

二つの利子率

経済学者たちがフリードマンを黙殺せざるを得なかったのは、銀行券には利子が付けられない、銀行券は常に額面で通用させるものだと思い込んでいたからである。しかし、そんな思い込みを捨てて、ゲゼルに始まるマイナス金利論の領域に踏み込むのなら、それをさらに発展させ、金利をマイナスになどとこだわらず、もっと大らかにベースマネー全体にプラスでもマイナスでも自由に金利を付けられるようにするというアプローチもあり得るはずだし、そうすればフリードマン先生を黙殺する必要もなくなることに気付くはずである。銀行券に自由に利子を付けるための仕掛けの例は、第三章のマイナス金利のところでパネル3–3（102ページ）として示しておいたとおりである。

経済学者が銀行券あるいはベースマネー全体に金利を付けるという話を聞くと、どうしても、例の流動性の罠への対応というシナリオに眼が向いてしまうようだ。マイナス金利付き紙幣論の元祖ともいうべきゲゼルを評価したケインズが、大不況の教訓を踏まえて議論を展開したことも、その背景にあるのだろう。

だが、もし銀行券を含むベースマネーの全体にプラスあるいはマイナスの金利を付けることができるのなら、銀行券を含むベースマネー全体に付ける金利を「貨幣利子率」とでも呼んで、それと市場での金融取引に適用される金利である「名目金利」とを一体として金融政策手段として上げ下げすればどうだろう。名目金利と貨幣利子率との差は、銀行券を刷るのに必要な費用程度のわずかな差として固定してしまうのである。これならフリードマンの宿題にも格好よく答えたことになりそうだ。

でも、そこまで話を展開すると、今度は中央銀行の側にも欲が出てくるのではないだろうか。そもそも貨幣利子率を導入するということは、銀行券に有効に金利を付すことができず、結果として現状では自動的にゼロに固定されてしまっている貨幣利子率を、自身の政策的な決定によってプラスにもマイナスにも操作できるよう、通貨制度全体を再設計することを意味する。それなら、話を逆手にとって、貨幣利子率と名目金利の「差」そのものを、新たな金融政策手段とすることも可能だからだ。具体的なイメージは、こんな感じだろう。

まず、中央銀行は貨幣利子率を決定する。前章のパネル3-3のような方式によるのであれば、デジタル化されたベースマネーに付す金利を決定し、現物としての銀行券にはそれよりわずかに低い金利を付すことを決定する。これは、いわばワンセットの決定、要するに貨幣利子率の決定である。

そして、次に、そのベースマネーの供給方針を決定する。金融市場の調節あるいは金融市場への介入に関する方針として決定するのである。決定された方針がおおらかにベースマネーを供給するというものであれば、名目金利は貨幣利子率に近い水準で市場金利として決まることになるだろうし、けち臭くしか供給しないというものであれば、名目金利は貨幣利子率よりもはるかに高い水準の市場金利として実現することになるだろう。こうした中央銀行によるベースマネーの量的な供給態度が、貨幣利子率と名目金利との「差」を作り出すことになるわけだ。

ここまでイメージを展開すれば、貨幣利子率を導入することとの中央銀行にとっての魅力がどこにあるかも見当がつくはずだ。銀行券を含むベースマネーの全体に金利を付すことができるようになれば、今までの中央銀行では、金利の水準をどうするかということと、ベースマネーの量をどうするかということを表裏一体としてしか決められなかったものが、今度は両者を分離して互いに独立した政策手段として操ることができるようになる。それは、今までにない自由度を彼らに与えることになるからである。その様子を図解したのが左ページのパネル4−1で、これも以前に『中央銀行が終わる日』に描いておいた図なのだが、そのまま再掲しておこう。この図で何が分かるだろうか。

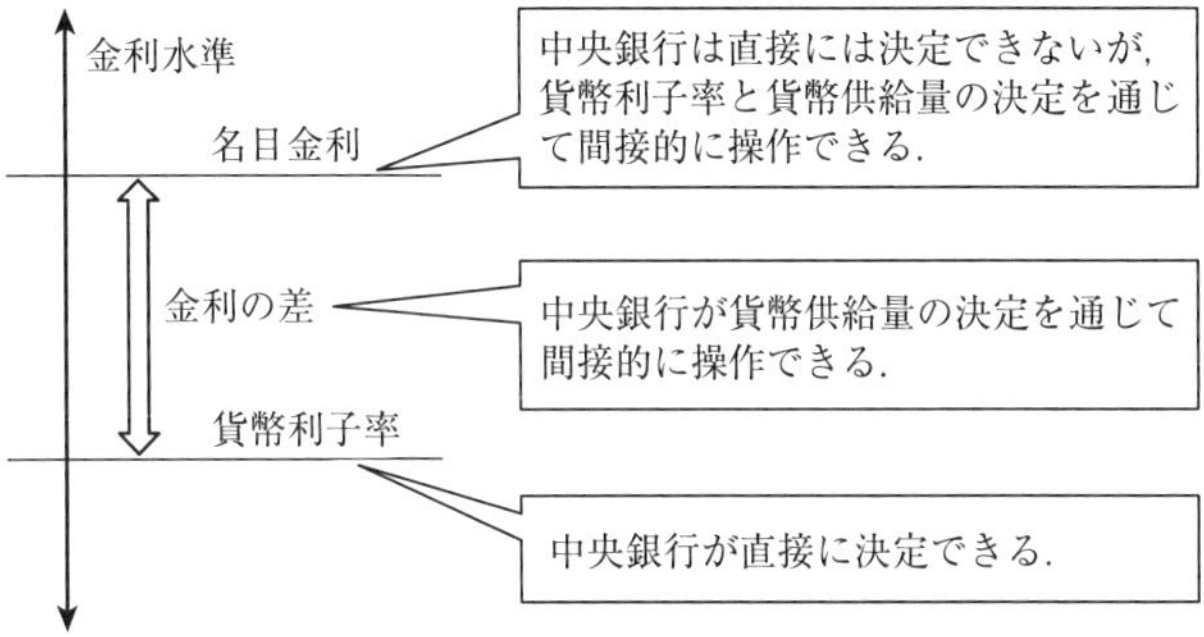

岩村充『中央銀行が終わる日』259ページより

パネル4-1　名目金利と貨幣利子率

それは、こうした貨幣利子率を導入した中央銀行では、名目金利を上昇させながらベースマネーを大量供給するとか、反対に、名目金利を低下させながらベースマネーの供給を減少させるということも、もはや「曲芸」ではなくなるということである。名目金利と貨幣利子率という二つの利子率を手に入れた中央銀行は、金融政策手段として金利か貨幣量かというような二者択一を迫られることなく、その二つを別々の政策目標に振り向けることができるようになる。ちなみにこの世界ではマイナス金利も普通に可能になっているのだが、中央銀行が二つの独立した政策手段を手に入れることの利点はそれにとどまらない。経済学の世界には「政策割り当て問題」という命題があって（これを言い出した学者の名前を取って「ティンバーゲンの定理」と呼ばれることもある）、その内容は「複数の独立の政策目標を同時に追求するためには、目標と同数の独立した政策手段が必要になる」というようなものなのだが、貨幣利子率を手にいれた中央銀行はこの条件をクリアーできることになるからである。

もちろん、追求する目標が互いに矛盾しては、複数の政策手段を持っていても何にもならない。たとえば、名目金利の水準を物価の安定に振り向け、貨幣供給量を景気支持に振り向けるなどというのは、その間違い答案例と言われてしまうかもしれない。物価変動と景気との間に例のフィリップス曲線が示すような関係があるとすれば(7ページ)、少なくとも短期的には物価と景気は連動してしまう可能性が高そうだからだ。だが、金利は物価目標に振り向けるが、貨幣供給態度の方は金融システムの安定に振り向けるなどと言うのならどうだろう。これなら悪くないかもしれない。二〇〇八年のリーマンショックの教訓などからも、大規模な金融パニックに対しては中央銀行による思い切った貨幣供給増加が有効であることは、経験的な事実として広く認められているからだ。

しかし、言うまでもないことだが、そうした「二つの利子率」を操る能力を中央銀行に与えるのは、限界費用価格による貨幣供給を説くフリードマンルールからの明白な逸脱である。フリードマンルールから言えば、名目金利と貨幣利子率の間には貨幣供給の限界費用以上の差があってはならないはずだ。さて、どう考えたらよいだろうか。

正直に言うと、私自身、この「二つの利子率」の可能性に気付いて以来、そのことを何度か本で取り上げたりしたにもかかわらず、それに割り切った結論を書くことができなかった。長い眼で見ればフリードマンルールを尊重すべきことは分かっていても、現にある中央銀行制度を前提にする限り、金融政策に「二つの独立した政策手段」があることは悪くない、そうなれば中央銀行たちは今よりもっと踏み込んで経済の安定と発展に貢献することができるはずだ、そんな迷いも生じてしまって、議論はどうしても煮え切らないものになってしまっていた。我ながら、情けない話であったと言わざるを得ない。

だが、これは幸いにもと言うべきだろうか、そんな迷いをまるで無意味にしてしまいそうな変化が訪れつつある。それは、仮想通貨と呼ばれる新しい通貨たち、国家の与える貨幣発行独占権に依存しない通貨たちの登場で始まりそうな変化である。新しい通貨たちとの競争が現実のものになれば、貨幣利子率と名目金利を使い分けるという夢は過去のものとなり、フリードマンルールの世界に帰ることだけが自身の存在意義を守る唯一の途であることを中央銀行たちは悟ることになるはずだ。

伝え聞く話によると、世界の中央銀行や金融規制当局者たちの間では、国から与えられた通貨独占発行権に依存しない仮想通貨に対する危機意識が実は強いのだそうだ。彼らの間では、仮想通貨は投機の対象にはなっても通貨としての要件を満たさない、これからはそれを「暗号資産」と呼ぼうというような話も進んでいるのだと聞く。だが、それが本当なら、プロテスタンティズムの勃興を見て異端審問に走った中世カトリック反動派をも連想させるような話で、何とも不愉快な気分になる。現在の世界宗教人口をみると、キリスト教内の最大勢力は依然としてカトリックだが、その少なくない部分はプロテスタンティズムへの危機感から西欧の外の世界に向かった教会内改革派が獲得した信者たちの子孫である。彼らの布教の歴史は必ずしも賛美ばかりできるものではないが、学ぶべき自己改革の歴史でもある。現代の中央銀行や金融規制当局者たちも、仮想通貨が通貨であるかなどと論じる時間があったら、行き詰りつつある自らの通貨と金融政策をどう再生できるか、それを考えるべきだろう。良い機会である。本書の結論に行く前に、しばらく仮想通貨の話をさせて欲しい。

二　仮想通貨から考える

仮想レッジャーとマイニング

仮想通貨とは何か。それを本書で詳述する余裕はないが、ここでは、それを情報通信ネットワークにつながったコンピュータたちが共有する仮想的な台帳に記録された数字であり、その数字が貨幣的な価値があるものとして利用可能なように、その数字に関する制約条件と排他的な帰属先とを、暗号技術などにより確定するシステムだ、ということにしておこう。仮想通貨の所在を記録するために共有される仮想的な台帳のことを、以下では「仮想レッジャー」と呼ぶことにする。

ちなみに、仮想レッジャーの各ページには一定時間に発生した取引データが書かれているわけだが、こうした各ページのことを「ブロック」と呼び、そうしたブロックを時間順に並べたものを「ブロックチェーン」と呼ぶのが、多くの仮想通貨システムで採用されている用語法である。また各ブロックについては、それを締め切るたびに時間内取引の確定化処理が行われることになっていて、その処理のことを「マイニング」と呼び、マイニングを行おうとする参加者は「マイナー」と呼ばれる。

マイニングというのは「採掘」という意味で、マイナーというのは「採掘者」という意味なのだが、そう呼ぶ理由は、このページの締め切り処理には大きな計算量が必要な数値探索問題が付いていて、マイナーたちはこれを競い合って解こうとし、最初に数値探索に成功したマイナーは一定量の仮想通貨を自分のものとして仮想レッジャーつまりブロックチェーンに追加す

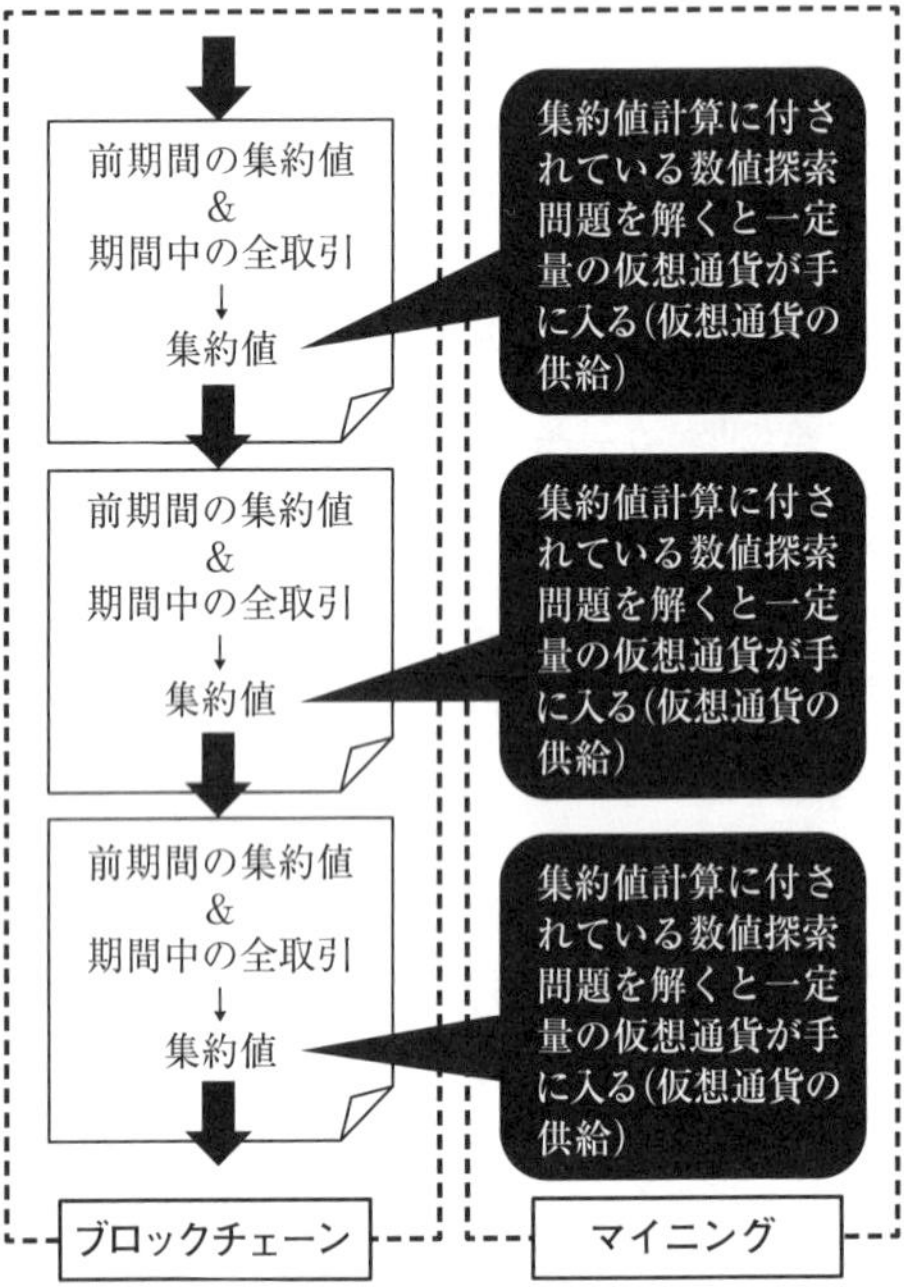

パネル 4-2　ブロックチェーンとマイニング

ることができるというルールになっているからである。マイニングとは面白い言い方だが、天文学的とも言えるほどの大きさの仮想空間に充満している数字の中から、空間の大きさとの対比では気が遠くなるほど希少にしか存在しない意味のある数字を探し出す、そうしたイメージをこの呼び名にしたのだろう。

さて、呼び名の適否はともかく、こうしたマイニングによるブロックチェーン形成の概念を簡略化して図示すれば、右のパネル4−2のようになる。仮想通貨という仕掛けの先駆者として登場したビットコインの革新的なところは、仮想レッジャーを記録していく作業にマイニングという競争的な仕掛けを導入し、その競争に新しいコインつまり仮想通貨の獲得という経済的インセンティブを与え、それでブロックチェーンが外部の企業や銀行あるいは政府などに支えられることなく自己運動していくという仕組みを作ったことだろう。そうすることで、ブロックチェーン形成の過程で仮想レッジャーに追加されていく記録そのものに、既存の円やドルなどの法定通貨との関係性に依存することなく、それ自体で独立した価値体系を持つ「通貨」としての意味を持たせるのに成功したわけだ。

ところで、なぜ、こうした仕組みで管理される数字にすぎないものに、一ＢＴＣが何ドルとか一イーサが何ドルだというような形での「値段」が付くのだろう(ちなみにＢＴＣはビットコインの数量単位、イーサはイーサリアムという仮想通貨の数量単位である)。それは、要するにマイニングにコストがかかるからである。今すでにあるビットコインを買うのではなく、マイニングにより新しいビットコインを作り出すのにかかる費用、経済学でいう限界費用が、仮想通貨の「値段」という文脈での「価値」を作り出しているわけだ。

これ、奇妙な論理だろうか。そうでもない。私たちが貨幣の基本のように思っている金貨や銀貨に価値がある理由も、実は似たようなところがある。

金貨や銀貨の「値段」という意味での価値の背景にあるのは、基本的には採掘費であり精錬費あるいは鋳造費である。中世の日本では宋や明から輸入された銅銭が広汎に使用されていたことが知られているが、それらが価値あるものとして通用していた理由も、磨かれて光るからではなく、採掘や精錬あるいは鋳造に費用がかかったからである。貨幣や通貨を何か本質的な価値があるかのように思い込んでいた私たちにとっては力が抜けるような話だが、仮想通貨はそれを受け入れる人がいる限りは通貨であり、眺めて美しいとか食して美味しいとかいうような文脈での価値がないからと言ってそれを否定しても、経済学的には無意味な議論である。ビットコインに価値があるかと言えば金貨や銀貨と同じような文脈で価値があることになるし、金貨や銀貨の価値というのも経済学的にはビットコインと似たようなものでしかあるまい。

彼らはどこまで通貨になれるか

さて、ここで問題である。ビットコインのような仮想通貨は、円やドルなどの法定通貨に取って代われるほどの大きな存在になれるだろうか。

そう問われたら、今のままでは無理と言うほかはない。それは、今の仮想通貨たちの価格はあまりにも不安定かつ予見不能であり、また、貨幣としての仮想通貨を作り出すことの経済性が法定通貨と比べ極端に劣るからだ。

もっとも、今の多くの仮想通貨の価格が安定しないのは、その仕組みが価格を安定させないよう作られているからでもある。ビットコインを例にして言うと、マイニングに課される数値探索問題は、参加するマイナーが多くなって、誰かが問題を解いてしまうまでにかかる時間つまりブロック形成時間が短くなると、ブロック形成時間を一定に保つよう探索問題の難度が上がり、結果としてより多くの計算リソースを投入しないとブロックが形成されないようにルールが決められている。こうしたルールになっていると、市場価格が上昇すれば新規の仮想通貨供給に必要な電気代つまり限界費用も増加する一方、下落すれば反対のことが起こるので、常に人々の期待あるいは気分で形成された価格を供給コストが後追いすることになり、結果として市場価格は激しく乱高下することになる。ビットコインには普通の商品の価格形成にあるような、市場価格が高騰すると供給が増え市場を冷やすとか、価格が下がると供給が減って市場を支えるというような、フィードバックのメカニズムが働かないのである。こうしたマイニングのルールから、今日の需給から明日の価格を予見できないという、ビットコイン特有の性質が生まれてしまっているわけだ。

　では、価格に予見性がないと何が問題なのだろう。それは、通貨の市場価格に予見性がないと、いわゆる「信用創造」のプロセスが働かず、マイニングにより作り出した通貨を「増やして使う」ことができないことにあるといえる。

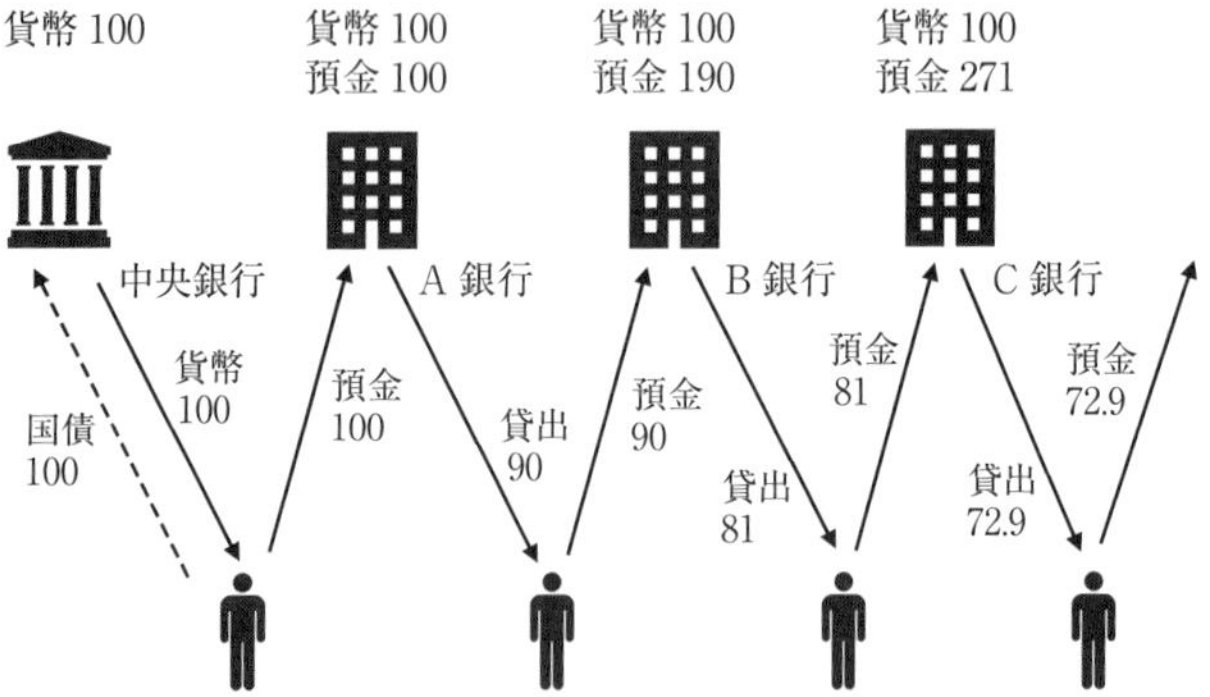

最初の貨幣100から作り出されるマネーの総量(預金の10%を支払準備として留保した場合)

$$100 + 100 \times 0.9 + 100 \times 0.9^2 + 100 \times 0.9^3 + \cdots = 1000$$

パネル4−3　信用創造の概念図

ちなみに、信用創造という筋書きを絵にかけば上のパネル4−3のようになる。金属貨幣としての金貨や銀貨、あるいは今の私たちの通貨であるドルや円は、いったんそれを作り出せば、まずは金融機関に預金され、預金された後は貸し出されて、再び預金となって金融システムに戻ってくるということを繰り返し、結果として、最初に作り出された量の何倍ものオカネになって、私たちの経済活動を支えてくれている。これは、貨幣や金融を扱う教科書にはたいてい書いてある信用創造のサイクルなのだが、ビットコインのように価格に予見性がない通貨では、このサイクルが始まってくれない。価格に予見性のない通貨では、ギャンブルとしての先物取引は存在できても、金融市場で成立した金利を基準にした預金や貸出などの金融サービスは、それ自体がギャンブルになってしまうので安定的に存在できないからである。

これでは、ビットコインのような仮想通貨は、それを決済インフラ提供のための仕組みとしてみたとき、信用創造による通貨の「増殖」が起こらない分だけ、ドルや円などの通貨に対し競争力が劣るということになってしまう。

だが、ビットコインの価格の不安定は、そもそものマイニングにおける難度調整ルールによるものだから、そのルールを少しばかり手直しすればそれを安定したものに変えることは難しくないし、さらに踏み込んで円やドルなどの価値にリンクさせたり、原油価格とか電力料金に連動して価値が決まったりするような仮想通貨を作り出すこともできる。どうすればよいかは、拙著『中央銀行が終わる日』で略述済みだし、さらに踏み込んだ方法論については、“Can We Stabilize the Price of a Cryptocurrency?” という文書名で数年前から公開済みでインターネットから検索可能なので、ここでは深入りしないことにしよう。重要なことは、今の多くの仮想通貨の問題点とされる価格の乱高下は、その本質的な欠点ではなく、修正可能な性質の一つに過ぎないということである。

しかし、これは残念ながらというべきだろうが、仮想通貨の仕掛けを然るべく修正して、その価値を安定させることができたとしても、それだけで今の仮想通貨たちが、中央銀行の供給する法定通貨のライバルになれるわけではない。彼らが法定通貨のライバルあるいは代替案になるためには、さらに超えなければならないハードルがある。それは、仮想通貨を作り出すときにかかる資源消費問題である。

ビットコインで考えてみよう。通貨としてのビットコインの本質的な弱点は、それを支えるマイニングという仕組みが、膨大な電力エネルギーの「消費」を必要とするところにある。マイニングとは、多数のコンピュータが競い合ってビットコインの取引記録の整合性をチェックしてブロックチェーンを作り上げていく作業のことなのだが、ただの仮想のオカネを作るだけのために膨大な電力を使うのは無駄と言うほかはないし、地球環境的にも良くない。ビットコインのシステムを維持するのに消費される電力は、二〇一七年現在で日本の百万都市の総消費エネルギー量に匹敵するという試算があるくらいだ。

それに対し、円やドルなどの中央銀行が作り出す通貨は、ずっと経済的な作られ方、資源節約的な作られ方でできていると言える。中央銀行は、金や国債などの資産を「消費」するのではなく、それを金庫に「保管」し、そうして保管している資産を見合いにオカネつまり紙幣を印刷して使ってもらう、そういうやり方をしているからだ。

では、仮想通貨でも同じことができるだろうか。それは難しくない。中央銀行のやり方をまねて、金庫に何らかの資産を収めて、それに対する請求権を仮想通貨と同じような方法で流通させればよいからだ。

さまざまな方法論

ビットコインの発案者たちがマイニングという方法論を編み出した理由は、ブロックチェーンという仮想レッジャーを自己運動させるためには、それを支える参加者つまりマイナーたちへの報酬が必要だと考えたからだろう。ビットコインを支えるマイナーたちに報酬を与える方が主たる目的で、ブロックチェーン形成はその副産物のようなものだろうと言っても、まあ同じことである。要するに、マイニングにおける競争とブロックチェーンという仮想レッジャーの形成とは、ビットコインでは最初から一体なのである。

だが、そうだとすれば、この両者を切り離して、マイニングで生み出されたものでない価値を外の世界から借りてきて、それを仮想レッジャー上でやり取りするタイプの仮想通貨、名付けるとすれば「信用貨幣型」の仮想通貨というようなものを考えることもできることになる。

金貨や銀貨のように、それを作り出すのに使われる採掘費や精錬費などの投入費用により価値が決まる貨幣を「実物貨幣」といい、現在の法定通貨のように、貨幣の供給者つまり発券銀行が保有している国債などの資産を見合いに発行される貨幣、言い換えれば、発券銀行の保有資産から価値を借りてくることで成立している貨幣を「信用貨幣」ということがあるが、その信用貨幣を、紙の銀行券や銀行の預金台帳というかたちで流通させるのではなく、そちらは価値の由来からいえば実物貨幣に近いビットコインに倣って、情報通信ネットワークにつながったコンピュータたちが共有する仮想レッジャー上の記録として流通させることは当然に可能なはずだからだ。簡単に言えば、銀行や一般企業あるいはＮＧＯやＮＰＯなどの団体が、自身の全部または一部の資産を特定し、それを見合いに仮想レッジャー上で流通する仮想通貨を発行するというシナリオである。

もちろん、仮想レッジャーをマイニングで駆動するというデザインを採用しないのであれば、レッジャーを動かすためのエネルギーも、ビットコインとは違って、マイニングによる仮想通貨創出ではないところから得て来なければならない。ただ、これも特に難しいことではない。最も簡単かつ横着な方法としては、マイニングにより自己運動する仮想レッジャーに便乗させてもらうという手がある。貨幣の話から脇にそれることになるので詳しい説明は省略するが、ビットコインに次ぐとされる仮想通貨イーサリアムには、それ自体の仮想通貨であるイーサを生み出して管理するだけでなく、関連するさまざまな契約事項をも一体として管理し運動させていく機能が備わっている。これはイーサリアム型の仮想レッジャーの「自動執行機能」と呼ばれるものなのだが、こうした自動執行機能を備えた仮想レッジャーに便乗させてもらえば、そのレッジャー独自の仮想通貨とは別に、誰でも自分流の仮想通貨を作り出してしまうことができるはずだ。

もっとも、銀行や企業などでは、他人のものに便乗するのはまずいという考え方もあるだろう。便乗した仮想レッジャーに事故や不正あるいは国家による介入などが生じたときのことを考えると、安定した決済サービス確保という立場からは、それらのトラブルに巻き込まれたくはないし、多数の顧客向けに高速大量処理を実現しようとするのなら、自前のレッジャーを作って運営した方が手堅いからである。仮想通貨で本格的な金融サービスを立ち上げることを狙うのなら、仮想通貨を作り出そうとする企業や銀行などが、自らレッジャーを管理し延伸する役割を担った方が良さそうなのだ。

ちなみに、ビットコインやイーサリアムのように競争的なマイニングで駆動されて、誰にでも参加と利用を可とするブロックチェーンを「パブリックチェーン」と呼び、特定の管理主体がブロックを締め切って次のブロックにつなげていく作業を専担的に担うタイプのものを「プライベートチェーン」と呼ぶという分類学のようなものもあるらしいが、このプライベートチェーンに信用貨幣型の仮想通貨を載せ、そこには仮想通貨授受に関する自動執行機能だけでなく、法定通貨建て契約の締結や執行支援に関する機能までも持たせるというような方向感が、日本を含めて世界の有力な金融機関たちが考える次世代金融サービスの主流になりそうな勢いと聞くことが多い。

また、こうした金融サービス改革論的な発想とは別の角度から、誰でも参加できる独自の仮想レッジャーを作ろうとする挑戦者もいる。この分野における私の研究パートナーでもある斉藤賢爾は、二〇一七年秋に「BBc-1（ビヨンド・ブロックチェーン・ワン）」という自動執行機能を備えた仮想レッジャーに関するデザインと、そのレッジャーを使うためのソースコード（コンピュータ言語で書かれたプログラム）を公開し、その自由な利用を呼び掛けている。斉藤のデザインは、仮想レッジャーの一定の文脈での記録連鎖と、他の様々な文脈での記録連鎖との間で、互いにその特性値を引用しあう機能を持たせることで（この手法を「履歴交差」という）、ビットコインのようなマイニング利益追求原理ではなく、共生とか利他の原理によって記録としての公正性を担保しあうという考え方によるものと整理することができる。

斉藤の主宰する活動はまだ小さなものでしかないが、彼らの、独占よりは共生、利己よりは利他という発想は、社会基盤的な記録共有の原理として実は正解なのだろうと思えるところがある。私は、数年前、生物学者の吉村仁が、著書『強い者は生き残れない』(新潮社・二〇〇九年)で、利己ではなく利他戦略を取った生物種の方が長期的にみれば生き残ることが多いと説いているのに出会って考えさせられることが多かった。それなら、通貨あるいは価値記録の世界にも、吉村のいう「強い者は生き残れない」あるいは「強過ぎる者は生き残れない」という論理が通用するのかもしれないと感じたからである。斉藤らのプロジェクトにも、同じような原理が働きそうだ、そう私は思っている。

仮想通貨作りの部品の話はここまでにしよう。本書の締めくくりは仮想通貨の登場がもたらす新しい通貨間競争への展望である。

三　通貨が選択される時代で

仮想通貨ミダス

何か名前を付けておかないと議論しにくいので、その通貨を、あらゆるものを通貨とすることへの期待と怖さを込めて、ここでは「ミダス」と呼ぶことにしよう。ミダスは、まだ存在しない、しかし、既にあって機能することが確かめられている技術要素を使えば、今これからでも作り出せるはずの信用貨幣型の仮想通貨である。

なぜ「信用貨幣型」で考えるのか。それは、マイニングという競争システムに依存する仮想通貨は、それを作り出すためのエネルギー消費という大きな弱点を抱えている。それに対し、信用貨幣をデジタル化して仮想レッジャーに載せることにすれば、もうそれだけで円やドルなどの法定通貨に十分に対抗できる通貨を考えることができそうだからである。仮想通貨を法定通貨たちのライバルに仕立てようとするなら、ビットコインのような資源浪費型の仕掛けではなく、円やドルなどの法定通貨と同じく、資源節約型の信用貨幣として全体をデザインした方が有利なのである。

ミダスに流通基盤を与える仮想レッジャーとしては、マイニングにより自己運動する既存のパブリックチェーンに便乗させてもらうのでも良いし、特定の管理主体への信認に依存するプライベートチェーンでも良い。さらに斉藤が提案しているＢＢｃ－１のような非中央管理型の分散レッジャーでも良い。どのようなレッジャーを選ぶかは、ここでの議論に大きな影響はない。そもそも、今までは紙の銀行券と中央管理型の準備預金決済システムで通貨を供給してきた中央銀行たちも、彼ら自身の銀行券をデジタル化して仮想レッジャー上で流通させることを検討しているという話も伝わって来るぐらいだ。それなら、同じことを民間銀行や普通の企業あるいはNGOやNPOなど市民団体が行っても悪くはあるまい。たとえば、国債や社債あるいは株式などの資産を取り分け(そうした資産を以下では「原資産」と呼ぼう)、それをオープンエンド型投資信託の信託財産のようなものとして管理し、原資産から得られる権利すなわち信託受益権をデジタル証券化して仮想レッジャーに登録、それをミダスとするなどということは、すぐにでも考え付くのではないだろうか。

もちろん、ミダスを作るのに信託という形式にこだわる必要はない。一定の資産に限定して投資する銀行というようなものを考え、その銀行が受け入れて運用する資金を貨幣利子率付きの仮想通貨に変えるというような形を考えても良い。分類するとすれば「貨幣利子率付きデジタル銀行券」である。ちなみに、安全な有価証券に特定して財産を保有し、それを見合いに決済機能を提供する銀行は「ナローバンク」とも呼ばれ(決済サービスに集中した「狭い」範囲で業務を行う銀行というのが呼び名の由来である)、一九八〇年代末に議論され始め、金融危機に強い決済システム設計論として九〇年代には一世を風靡した感があった。そこで、私たちも、未来の仮想通貨ミダスを、ナローバンクが作り出すデジタル銀行券のようなものとして考えることにしてみよう。一九九〇年代のナローバンク論では、あくまでも中央銀行の存在を前提にして、安全な預金サービスを提供する方式として議論されていたわけだが、仮想レッジャーの世界で考えるのなら、デジタル銀行券を競争的に発行する民間版発券銀行としてナローバンクを位置付けても構わないだろう。それが、「貨幣利子率付きデジタル銀行券」としてのミダスを考えようとする理由である。

たとえば、日本国債に投資するナローバンクが受け入れる資金を、デジタル銀行券化してミダスを作ったらどうだろうか。もしそうしたミダスが競争的に提供されるのなら、ミダス保有者には、その保有期間に応じた日本国債利回り相当の利益が貨幣利子率として提供されることになるだろう。たとえば国債投資から得られる手数料差し引き後の利回りが二%なら、今日の百万単位のミダスは一年後には百二万単位のミダスに増えるというような仕組みとして設計されるだろうと予測するわけだ。こうすれば、ミダス一単位の価値は常に日本円と等価になるので、なかなか有利かつ便利という評価を得ることができそうだからである。貨幣発行を競争の下に置けば、自然に有利で便利なものが主流となっていくはずなのである。

付け加えておけば、実質的に同じことを信託受益権方式のミダスで行うこともできる。原資産から得られる累積収益率に連動して必要に応じ信託受益権口を分割する(原資産から得られる収益率がマイナスのときは受益権口を併合する)、ということにしておけば良いからだ。そうすれば、経済的な意味付けという点では、貨幣利子率付きデジタル銀行券と実質的には同じ性質を持つ仮想通貨を、何かと制約が多そうな「銀行」という枠組みを取ることなく、信託型ミダスとして作り出すことができてしまうだろう。銀行型とするか信託型とするか、そこは理論的というよりは実務的に考えるべき話である。

ところで、日本円と等価のミダスを作ろうとするときの原資産は、日本国債でなければならないというわけではない。たとえば原資産を米国国債として、それから得られる利回りを日本円で評価し、それを貨幣利子率としたらどうだろう。その場合、実質的な利回りは米ドルに連動するが、ミダス一単位の通貨価値は常に日本円と等価ということになる。また、同じように考えれば、仮想通貨一単位は常にユーロと等価だが、ミダス保有による実質収益率は米国債投資と等しいとか、収益率は全上場株式投資インデックスや特定不動産投資にパラレルというような仮想通貨を作り出すこともできる。地域経済活性化プロジェクトや地球環境保全投資に協力しながら、通貨一単位は常に米ドルと等価なので便利に使えるというミダスだって作れるし、さらにいえば、金融市場におけるオプション取引などを活用することで、貨幣利子率はマイナスになることがないと保証する代わり、保証が付いていないタイプよりも普段は利回りが低い、などという元本保証型ミダスだって作り出すことが可能になる。

さらに想像の輪を膨らませたい。注意深い読者には、名目ベースの累積収益率を同期間の消費者物価指数の累積変動率で除して実質ベースの収益率を計算し、それを貨幣利子率とすれば、ミダス一単位の実質購買力は常に変わらないということになることに気付いて頂けているだろう。こうすれば、金融政策などという「オペレーション（人為的操作）」に頼らず、その「スペック（機能特性）」として自動的な価値安定性を備えた独自の通貨単位としてのミダス、名付けるとすれば「自動価値安定型ミダス」を作り出すことすら可能となる。

この辺りで、心配になる読者がいるかもしれない。こうした自動価値安定型のミダスが出現したら何が起こるかを考え始めると、今は他に選択肢のないなかで唯一の価値尺度として機能している円やドルなどの法定通貨たちは、それだけのことで一気に無用の存在あるいは歴史の遺物へと転落するのではないか、そんな心配（あるいは期待）も生じてしまいそうだからである。どうなのだろうか。そんなことは起こるのだろうか。

結論から言えば、今からそこまで心配する必要はない。理由は、ここで提示したタイプのミダスの通貨価値安定というものは、原資産に生じるさまざまなショックを、ミダス保有残高の変化というかたちで利用者に移転させる代わりとして得られているものに過ぎないからである。たとえば、こうしたミダスで原資産に想定外の欠損が生じたときに何が起こるかを想像してみよう。そうした損失は、それは通貨価値ではなく通貨保有単位数の減少というかたちでストレートに利用者へと転嫁されることになる。それが嫌なら、前述のオプション取引その他のコストを払ってリスクをコントロールすることになるが、そうしたとしても、ショックへの対応が貨幣保有者自身の負担になっていることに変わりはない。法定通貨の場合なら、中央銀行の背後にある統合政府の支払い能力がショックを吸収するバッファーになってくれていたのだが、そうした後ろ盾を持たない民間提供のミダスではショックを自ら受け止めるほかない。ミダスの価値安定性は無償で得られるものではないわけだ。そこは法定通貨に対する自動価値安定型ミダスの弱点と言うべきかもしれない。

もっとも、これこそ心すべきことと私は思うが、政府のような公的存在に後ろ盾を求めることは危ういことでもある。法定通貨に後ろ盾を提供する政府が、通貨保有者の利益よりも優先したい利益、たとえば景気対策に貨幣価値操作能力を活用したいとか、通貨の対外価値つまり為替レートを同盟国の機嫌を取るべく誘導したいなど、そうした利益あるいは政策目標を持つのは当然のことだし、政府という存在の意義から考えても単純に非難されるような筋合いのものではない。政府に貨幣価値の後ろ盾を求めるということは、後ろ盾を与える政府の都合によ り、貨幣保有者の利益が侵害される危険を甘受するということでもある。すなわち、そんな面倒なバッファーなど無い民間版ミダスの方が自己責任的で好ましいと割り切るか、通貨保有者の利益と他の利益とを衡量するという使命あるいは重荷の下にある法定通貨になお健在であって欲しいと考えるかは、仮想通貨ミダスが出現した後の政府や中央銀行の出方あるいは心構えを見極めながら私たち自身が決める問題なのである。

仮想通貨ミダスの可能性が私たちに運んできてくれているのは、「通貨を選択する権利」であって、それ以上でも以下でもない。

通貨間競争の未来図

改めて考えてみると、円やドルなどの法定通貨も、その価値の由来という観点から見れば、何者かへの信用を貨幣のかたちにして通用させるという意味で、実は最初から「ミダス」だったとも言える。法定通貨とは、読んで字のごとく、私たちが暮らす物理空間の統治者である国家から、物理媒体である「紙」を信用貨幣に変える仕掛けを動かすことを特権として付与された中央銀行が、統合政府の信用力を原資産として発行しているミダスの一種だったのだ。ここで考えたミダスたちとの違いは、銀行券発行独占を保証されたミダス提供者である中央銀行たちは、常に貨幣利子率をゼロに固定したままでそれを世に供給する特権を一人占めしていたというだけの話に過ぎない。中央銀行のシニョレッジの正体は銀行券の発行独占が生み出す「独占利潤」だったのである。

また、法定通貨が実はミダスだったと気付くことは、仮想通貨ミダスの貨幣価値理論、言い換えればミダスの世界における物価理論を、ＦＴＰＬと同じ論理で考えることができることに改めて気付かせてくれるものでもある。貨幣供給量が貨幣価値を決めるとするマネタリストの議論は通貨間競争の世界では役に立たなくなるが、貨幣価値の由来に遡って考えるＦＴＰＬなら通貨間競争の世界での貨幣価値理論として十分に通用するはずなのだ。ただ、そのことは、理論の世界に住む学者たちや貨幣論を学ぶ学生たちの間での内輪話のようなもので、現実の世界で暮らす多くの人々にとってあまり重要なことではない。

現実との接点として重要なのは、法定通貨たちも結局はミダスだったのだと悟ることを通じ、現在の中央銀行たちが抱える危うさに気付くことではないかと私は思っている。

中央銀行の未来に多くを期待している方々からお叱りを受けることを覚悟して言うことになるが、私は、通貨間競争の時代の中央銀行が発行する通貨は、国債をマネタイズするミダスであって十分だと思っているし、それが望ましいとすら思っている。

これは予想であり希望でもあるが、いったん通貨間競争が始まれば、その世界には国債をマネタイズしたミダスだけでなく、さまざまなプロファイルの株式投資や公社債投資あるいは不動産投資などをマネタイズしたミダスも生まれるし、さらには地球環境保全プロジェクトや人権保護プロジェクトへの参加などをマネタイズしたミダスも生まれ、互いに競争しあうことになるだろう。そうした世界では、どのミダスを選ぶかは通貨を使う人たち自身の選択に委ねられることになる。それこそが、私が望んでいる未来の通貨の世界である。

今の中央銀行による通貨発行とは、国の財政資金調達に貢献しながら景気政策にも協力し、そして中央銀行に生じた通貨発行益は政府に帰属させる、そうした全体が一つのセットになった「身内の論理」によって成り立っているといえる。そうしたセットを維持可能にしているのが、他でもない銀行券の発行独占である。

しかし、これはもう繰り返しに近くなるわけだが、通貨間競争が始まれば、そうした身内の論理は通用しなくなる。それが、本章の始まりの部分で、金融政策手段として名目金利と貨幣利子率を使い分けるというアイディアを説明しておきながら、付け加えて、仮想通貨が登場し彼らとの競争が現実のものとなれば、そんなアイディアは見果てぬ夢となるだろうとも書いておいた理由である(149ページ)。競争の世界では通貨発行における独占利潤としての中央銀行のシニョレッジは消える、それは、中央銀行が二つの利子率を使い分けること自体を市場が許さなくなるということである。

また、さらに言えば、通貨発行業務のあり方として、景気政策や財政運営への協力という重荷を法定通貨が負えば負うほど、そうした重荷を負わず、ただ貨幣利用者利益のために運営することができるミダスに対し、法定通貨は競争上の劣位を甘受させざるを得なくなる。したがって、統合政府が法定通貨の劣位を避けようとするのであれば、政府もまた普通の会社やプロジェクトと同じように自らの存在意義と将来展望を語り、それに人々の共感を得る必要が生じることになるだろう。通貨間競争の中で生き残っていかなければならないのは、中央銀行ではなく統合政府の全体だからである。

ところで、それは政府にとっての新たな負担であり災厄なのだろうか。私は負担ではあろうが災厄ではないと思っている。政府が自らの存在意義と展望を語ることこそが、長い眼で見た財政への信頼を繋ぎ、安定した政府活動の基盤になるはずだからだ。また、それは、中央銀行による国債のマネタイズに支えられての財政の際限ない拡大が、予想もしていなかった不意の崩壊に転化することに対する歯止めにもなるはずだろう。

政府の資金調達に協力して際限ない量的緩和へと進んで怖れることのない中央銀行たちの姿は、手に触れるすべてを金に変える力を得て、結局すべてを失うことになった古代アナトリアのミダス王伝説と重なって見えるときがある。あらゆるものを際限なく貨幣にできることは、大きな力であるが、また怖れるべき力なのだ。中央銀行があらゆるものを際限なく貨幣に変えようとするとき、彼らは、自身が法定通貨という名の狭い世界での全能者になってしまうがゆえに、他の世界で普通に生きている人々の信頼を繋ぎ止めることが困難になり、結果として、景気を支える力どころか、価値尺度の提供者としての役割をも失うことになる。通貨の世界でも強過ぎる者は生き残れないのである。

森は動くかもしれない

金融政策の未来について語ってきた本章も紙幅の限界に来たようだ。ただ、通貨間競争ということを書いたからには、あのフリードリヒ・A・ハイエクのことを書かないで稿を終えるわけにはいかない。最後にハイエクのことを書いておこう。

ハイエクが生れたのは一八九九年のウィーン。一九三〇年代にロンドンに渡り、一九九二年に世を去るまで、一貫して自由と自律の立場から、ケインズと彼の後継者たちによる経済政策論に対する批判を展開した。新自由主義を掲げ一九七九年から十年以上も英国首相の座にあったマーガレット・サッチャーに大きな影響を与えたことでも知られている。

そのハイエクが一九七六年刊行の"The Denationalization of Money"(邦訳は川口慎二による東洋

経済新報社・一九八八年刊の『貨幣発行自由化論』と、池田幸弘と西部忠による春秋社・二〇一二年刊の『貨幣の脱国営化論』がある）で展開したのが、「中央銀行が発行する通貨の使用を強制することを廃し、貨幣供給を自由な競争に委ねるべきである」という主張である。ただ、この主張、それ以外の多くの彼の議論がサッチャー英首相を含む自由主義経済の信奉者たちに熱烈に支持されたのと対照的に、その彼らから見事なほどに無視され続けてきた。この辺り、彼より少し早く限界費用価格による貨幣供給論を唱えたフリードマンの主張が辿った運命とよく似ている。そして、それは当時としては仕方がなかったのかもしれない。フリードマンの貨幣限界費用価格供給論にせよ、ハイエクの貨幣発行自由化論にせよ、それを採用すれば、景気政策としての金融政策が機能を失うことは明らかだったはずだからだ。

もっとも、フリードマンにしてもハイエクにしても、もともと彼らは、金融政策それも雇用や景気を維持するための金融政策に多くを期待していなかったのではないかと思えるところがある。ハイエクについて言えば、彼は、一九七〇年代になって貨幣発行の自由化を提唱し始めるずっと前から、景気政策としての金融政策の本質的無効に言及しているからだ。一九四四年に初版が発行されて以来、彼の代表作とされている『隷属への道』（西山千明訳・春秋社・二〇〇八年、『ハイエク全集Ｉ—別巻』）から引用しておきたい。

「われわれの自由社会にとっての問題は、たとえいかなる犠牲を払っても失業が発生することは許されず、その一方で強権を発動する意思もないとすれば、あらゆる種類の絶望的な方便を採用しなければならない羽目に陥ってしまうだろう、という点である。それらのどれ一つを取り上げてみても、長続きする解決をもたらすことは不可能であり、すべてが、資源の最も生産的な活用を深刻に妨げるまでに到るだろう。とりわけ注意すべきは、金融政策はこのような困難に対して、何ら本当の解決策を提供することができない、ということである」

フリードマンのヘリマネの寓意からも明らかなことだが、貨幣の価格である物価を動かすというだけなら方法はある。第三章で論じたことだが、マイナス金利を可能にし、さらにヘリマネまで動員できるようにすれば、統合政府が物価を動かすのも、動かし過ぎるのも、どちらもあり得るシナリオになる。今の日銀にそれができないのは、彼らがベースマネーとは統合政府の債務であることに気付かないままで、国債とマネーの等価交換つまり国債買いオペで物価が動くと信じていたからであり、他方で、マイナス金利は力ずくで実現すればよいと思っていたり、ばら撒いたマネーをサルベージする方法があることを知ってか知らずか、ヘリコプターからマネーをドロップするというフリードマンの喩え話の非倫理性に怯えたりしていたせいであるに過ぎない。そもそも「物価は貨幣的現象」なのだから、通貨のスポンサーにとって、合理の範囲内でなら物価の操作そのものは可能なのである。それがうまくできないのは、通貨のスポンサーが中央銀行だけだと思い込み、貨幣価値が中央銀行を含む統合政府全体で支えられていることを見落としていただけの話なのだ。

だが、そのことと、物価を上げれば景気は良くなる、物価を上げて景気を良くしよう、そう考えることとは、まったく別問題である。インフレ率と景気との相関を示すとされるフィリップス曲線についても、それが長期的には無関係であるとするフリードマンの見方を持ち出すまでもなく、そもそもの短期的な景気と物価の関係ですら、どちらが因でどちらが果であるかも分かっていない面がある。それにもかかわらず、自説に都合の良い真実があると信じて出口のない迷路に入り込んだかのような今の日銀の姿は、王位を簒奪したあと、「ここまで来たからには引き返せない」とつぶやいてさらに深い闇に迷い込んでしまった劇中の将軍マクベスを連想させる。バーナムの森が動くまでは戦いに敗れることはないとの予言を信じていたマクベスの運命は、動かぬと思っていた森が敵の進軍により動くかのような景色を見たときとともに終わるのだが、同じことが日本銀行いや日本全体に起こらねば良いと思っているのは私だけではあるまい。動くのが民意という森か、あるいは市場という森か、それは分からないが、そのときになって金融政策で景気を支えようとしなければ良かった、日銀に価値尺度の提供者という立場を守らせ続けていれば、金融政策にもまた果たすべき役割と未来があったのに、そう後悔しても遅いのだ。

引き返すのに遅すぎるということはない。引き返す方法の一つは第三章の最後に書いておいた。動かなかった森は、いつ動き出すかもしれない。

Pye M.A., based on 1920 edition.
http://www.naturalmoney.org/NaturalEconomicOrder.pdf

Goodfriend, Marvin, "Overcoming the Zero Bound on Interest Rate Policy" Journal of Money, Credit and Banking, 2000.
https://www.richmondfed.org/~/media/richmondfedorg/publications/research/working_papers/2000/pdf/wp00-3.pdf

Iwamura, Mitsuru and Tsutomu Watanabe, "Price Level Dynamics in a Liquidity Trap" RIETI Discussion Paper Series, 2002.
http://www.rieti.go.jp/jp/publications/dp/03e002.pdf

Kimball, Miles S., "Negative Interest Rate Policy as Conventional Monetary Policy" National Institute Economic Review, 2015.
http://journals.sagepub.com/doi/abs/10.1177/002795011523400102

Krugman, Paul R., "It's Baaack! Japan's Slump and the Return of the Liquidity Trap" at the Official Paul Krugman Web Page on MIT, 1998.
http://web.mit.edu/krugman/www/bpea_jp.pdf
also at Brookings Papers on Economic Activity, 2, 1998.
https://www.brookings.edu/wp-content/uploads/1998/06/1998b_bpea_krugman_dominquez_rogoff.pdf

Sargent, Thomas J. and Neil Wallace, "Some Unpleasant Monetarist Arithmetic" Federal Reserve Bank of Minneapolis, Quarterly Review, 1981.
https://www.minneapolisfed.org/research/quarterly-review/some-unpleasant-monetarist-arithmetic

Sims, Christopher A., "A Simple Model for Study of the Determination of the Price Level and the Interaction of Monetary and Fiscal Policy" Economic Theory, 1994.
http://web.mit.edu/14.461/www/part1/sims.pdf

参考文献

日本語文献については本文中に著者名と出版社および出版年等を記しておいたので，ここでは英語文献のうち本書の内容に直接関係するものに絞って記載しておく．こうした文献一覧を作成するときは，どれを選択してどれを外すかにつき迷ってしまうことが多いのだが，今回は，日本銀行の金融研究所長から大阪経済大学に転じた髙橋亘教授より多くの助言を得ることができ，こうしたことが不得手な私にしては珍しく，簡潔にして有用なリストを作ることができたように思う．髙橋教授への感謝の気持ちをここに記しておきたい．なお，インターネットで入手可能な文献に関しては，2018年2月時点でリンクが確認できるURLを追記しておいた．

Agarwal, Ruchir and Miles S. Kimball, "Breaking Through the Zero Lower Bound" IMF Working Papers, 2015.
https://www.imf.org/en/Publications/WP/Issues/2016/12/31/Breaking-Through-the-Zero-Lower-Bound-43358

Buiter, Willem H., "Overcoming the Zero Bound: Gesell vs. Eisler. Discussion of Mitsuhiro Fukao's "The Effects of 'Gesell' (Currency) Taxes in Promoting Japan's Economic Recovery"" International Economics and Economic Policy, 2005.
https://willembuiter.com/fukao.pdf

Buiter, Willem H., "Negative Nominal Interest Rates: Three Ways to Overcome the Zero Lower Bound" North American Journal of Economics and Finance, 2009.
https://willembuiter.com/threewaysfinal.pdf

Eisler, Robert, "Stable Money" The Search Publishing Co., London, 1932.

Friedman, Milton, "The Optimum Quantity of Money: and Other Essays" Aldine Publishing Company, Chicago, 1969.

Gesell, Silvio, "The Natural Economic Order" translated by Philip

岩村 充

1950年東京生まれ．東京大学経済学部卒業．
日本銀行を経て，1998年より早稲田大学教授，
現在に至る(現職は早稲田大学大学院経営管理研究科教授)．
主な著書に『貨幣進化論――「成長なき時代」の
通貨システム』『中央銀行が終わる日――ビットコ
インと通貨の未来』(以上，新潮選書)『新しい物価理
論――物価水準の財政理論と金融政策の役割』(渡辺努
との共著，岩波書店)など．早稲田大学博士．

金融政策に未来はあるか　　岩波新書(新赤版)1723

2018年6月20日　第1刷発行

著者　岩《いわ》村《むら》 充《みつる》

発行者　岡本 厚

発行所　株式会社 岩波書店
〒101-8002 東京都千代田区一ツ橋2-5-5
案内 03-5210-4000　営業部 03-5210-4111
http://www.iwanami.co.jp/

新書編集部 03-5210-4054
http://www.iwanamishinsho.com/

印刷・理想社　カバー・半七印刷　製本・中永製本

ISBN 978-4-00-431723-4　　Printed in Japan

岩波新書新赤版一〇〇〇点に際して

ひとつの時代が終わったと言われて久しい。だが、その先にいかなる時代を展望するのか、私たちはその輪郭すら描きえていない。二〇世紀から持ち越した課題の多くは、未だ解決の緒を見つけることのできないままであり、二一世紀が新たに招きよせた問題も少なくない。グローバル資本主義の浸透、憎悪の連鎖、暴力の応酬――世界は混沌として深い不安の只中にある。

現代社会においては変化が常態となり、速さと新しさに絶対的な価値が与えられた。消費社会の深化と情報技術の革命は、種々の境界を無くし、人々の生活やコミュニケーションの様式を根底から変容させてきた。ライフスタイルは多様化し、一面では個人の生き方をそれぞれが選びとる時代が始まっている。同時に、新たな格差が生まれ、様々な次元での亀裂や分断が深まっている。社会や歴史に対する意識が揺らぎ、普遍的な理念に対する根本的な懐疑や、現実を変えることへの無力感がひそかに根を張りつつある。そして生きることに誰もが困難を覚える時代が到来している。

しかし、日常生活のそれぞれの場で、自由と民主主義を獲得し実践することを通じて、私たち自身がそうした閉塞を乗り超え、希望の時代の幕開けを告げてゆくことは不可能ではあるまい。そのために、いま求められていること――それは、個と個の間で開かれた対話を積み重ねながら、人間らしく生きることの条件について一人ひとりが粘り強く思考することではないか。その営みの糧となるものが、教養に外ならないと私たちは考える。歴史とは何か、よく生きるとはいかなることか、世界そして人間はどこへ向かうべきなのか――こうした根源的な問いとの格闘が、文化と知の厚みを作り出し、個人と社会を支える基盤としての教養となった。まさにそのような教養への道案内こそ、岩波新書が創刊以来、追求してきたことである。

岩波新書は、日中戦争下の一九三八年一一月に赤版として創刊された。創刊の辞は、道義の精神に則らない日本の行動を憂慮し、批判的精神と良心的行動の欠如を戒めつつ、現代人の現代的教養を刊行の目的とする、と謳っている。以後、青版、黄版、新赤版と装いを改めながら、合計二五〇〇点余りを世に問うてきた。そして、いままた新赤版が一〇〇〇点を迎えたのを機に、人間の理性と良心への信頼を再確認し、それに裏打ちされた文化を培っていく決意を込めて、新しい装丁のもとに再出発したいと思う。一冊一冊から吹き出す新風が一人でも多くの読者の許に届くこと、そして希望ある時代への想像力を豊かにかき立てることを切に願う。

（二〇〇六年四月）